Regionale Bildungslandschaften wirkungsorientiert gestalten

Stefan Schmidt

Regionale Bildungslandschaften wirkungsorientiert gestalten

Ein Leitfaden zur Qualitätsentwicklung

Unter Mitarbeit von Christoph Höfer

| **Verlag** Bertelsmann**Stiftung**

Bibliografische Information der Deutschen Nationalbibliothek

Die Deutsche Nationalbibliothek verzeichnet diese Publikation in der Deutschen Nationalbibliografie; detaillierte bibliografische Daten sind im Internet unter http://dnb.d-nb.de abrufbar.

Verantwortlich: Dr. Anja Langness, Heinz Frenz
Lektorat: Heike Herrberg, Bielefeld
Herstellung: Christiane Raffel
Umschlaggestaltung: Elisabeth Menke
Umschlagabbildung: Foto-Ruhrgebiet/Fotolia.com
Satz und Druck: Hans Kock Buch- und Offsetdruck GmbH, Bielefeld
ISBN 978-3-86793-428-2

www.bertelsmann-stiftung.de/verlag

Inhalt

Bildungslandschaften vor Ort gestalten und wirkungsorientiert steuern

Anja Langness, Heinz Frenz, Kirsten Witte
Bertelsmann Stiftung, Programm »Lebenswerte Kommune«

Ein besonderes Erlebnis verbindet die Menschen in Deutschland unabhängig von ihrer Herkunft: der Schulbesuch. Wir alle haben »unsere« Schule durchlaufen und dabei erfahren, wie das Bildungswesen und die Menschen, die dort unterrichten, auf uns wirkten. Somit verbinden viele den Begriff »Bildung« mit diesen persönlichen Erfahrungen. Aber Bildung ist weit mehr als Schule! Die Wissenschaft hat erwiesen, dass Bildung ebenso aus informell erworbenem Wissen besteht und dass man lebenslang lernt – und lernen muss. »Was Hänschen nicht lernt, lernt Hans nimmermehr« gilt heute also nicht mehr. Seit einigen Jahren verändert sich die Sicht auf Bildung, und damit verändern sich auch die Begriffe im Bildungswesen. Zugleich kommen neue Begriffe hinzu. Dies ist ein Prozess, der länger dauert und noch nicht abgeschlossen ist.

Unbestritten ist: Bildung findet an unterschiedlichen Orten, zu unterschiedlichen Zeiten und in unterschiedlichen Kontexten statt: in der Familie, im sozialen Umfeld, in den Bildungsinstitutionen, aber auch in Angeboten der Kinder- und Jugendhilfe, Sportvereinen, Gesundheitsinstitutionen und an vielen anderen Orten.

Bildung wird inzwischen um den räumlichen Bezug erweitert. Fast könnte man sagen: Bildung gibt es jetzt auch in 3D. Hierfür steht der Begriff »Bildungslandschaften«. Er drückt nicht nur die geografische Dimension aus, sondern veranschaulicht eine neue Sicht auf Bildung: Die formale, nonformale und informelle Bildung werden zusammengeführt. Es entsteht eine Vielfalt von Bildungsangeboten, Bildungsformen und Bildungsorten – eben eine Bildungslandschaft.

Schnell wird hier allen Beteiligten klar, dass in einer solchen Landschaft keine Institution für sich allein »Landschaftsgestalterin« sein kann. Denn Vielfalt macht großräumigere, also regionale Lösungen notwendig. Dem steht, zumindest formal, das Verfassungsrecht entgegen: die klare Aufgabentrennung zwischen Bund, Ländern und Kommunen. Dabei liegt die Kultushoheit, also die inhaltliche Verantwortung für das Bildungswesen, bei den Ländern. Die Kommunen steuern nur »äußere« Schulangelegenheiten (wie etwa Gebäude, Hausmeister, Tafel, Kreide und Computer). Gemeinsam mit zivilgesellschaftlichen Organisationen gestalten Kommunen zudem die nonformale und informelle Bildung vor Ort.

Lernen, ob in oder außerhalb der Schule, findet am Lebensort statt. Dort, wo man arbeitet und wohnt, lernt man auch. Die überkommene Aufgabentrennung zwischen Land und Kommune beim Thema Bildung ist im übrigen Europa nur schwer zu erklären; sie greift in das Leben der Menschen vor Ort ein. Die damit verbundene Idee, Bildung ließe sich zentral von den Ländern in die kleinsten Orte hinein »durchsteuern«, ist unrealistisch und erinnert an planwirtschaftliche Ideen.

Stadt, Kreis oder Gemeinde sind beim Thema Bildung zwangsläufig immer betroffen und müssen sich dem stellen. Für die dadurch drohenden kommunal- und verfassungsrechtlichen Probleme haben Nonformalisten einen lebenspraktischen Ausweg ersonnen: die *Verantwortungsgemeinschaft von Ländern und Kommunen* für das Bildungswesen. Sie richtet sich auf die Ergebnisse und Interessenlagen sowie auf Verantwortungsgefühl und Vernunft. Elementar für jede regionale Bildungslandschaft ist dabei ein institutionen-, professionen- und ressortübergreifendes Arbeiten, das die Bedarfe und Bedürfnisse der Bürgerinnen und Bürger in den Vordergrund stellt und nicht die Interessen einzelner Institutionen oder Sektoren. Somit sind »Bildungslandschaften« mehr als aus der Not geborene Zweckgemeinschaften – sie sind vielmehr Bildungsallianzen. Neue Instrumente und Organisationsformen wurden vielerorts bereits erprobt. Es ist ein langer Weg, Althergebrachtes durch Neues zu ersetzen – und er geht weiter.

Die Bertelsmann Stiftung unterstützt seit langem die Umsetzung und Weiterentwicklung regionaler Bildungslandschaften. Mit den Projekten »Selbstständige Schule« sowie »Schule & Co.« in Nordrhein-Westfalen (NRW) wurde der Weg zur Eigenverantwortung von Schule und in eine gemeinsame Bildungsverantwortung von Land und Kommunen vorgezeichnet (Lohre et al. 2008; Stern et al. 2008). Andere Projekte der Stiftung, wie etwa »Kind & Ko«, haben erprobt, wie Akteure der formalen, non-formalen und informellen (frühkindlichen) Bildung eine kommunale Verantwortungsgemeinschaft aufbauen können, um ihr Handeln auf die Bedürfnisse von Kindern auszurichten (Bertelsmann Stiftung 2008).

Mit dem vom Bundesministerium für Bildung und Forschung initiierten Programm »Lernen vor Ort« testen Länder, Kommunen und Stiftungen in 35 deutschen Kreisen und kreisfreien Städten neue Wege der Zusammenarbeit und werden die Erfahrungen weitergeben. Doch viele Kommunen haben sich auch ohne das Bundesprogramm auf den Weg gemacht. Sie zeigen einerseits die Vielfalt von kommunalen Ausgangsvoraussetzungen, also die Vielschichtigkeit von Lebensprozessen in den Stadt- oder Dorfgebieten, und andererseits die Vielzahl von Antworten und Lösungen für diese Herausforderung.

Diese Vielfalt guter Wege bildet sich bei den Begriffen ebenfalls ab: Während in NRW von »regionalen Bildungslandschaften« gesprochen wird, ist in anderen Bundesländern von »Bildungsregionen« oder »Kommunalen Bildungslandschaften« die Rede. Wir benutzen im Folgenden den Begriff »Bildungslandschaften« und gehen davon aus, dass die verständige Leserin bzw. der verständige Leser ihn in die jeweils gebräuchliche Begriffsform übersetzt. Wichtig ist dabei, dass die Vielschichtigkeit des Begriffs »Bildungslandschaften« deutlich wird. Er beinhaltet, dass neue Ansätze und Strategien für kommunale Jugend- und Schulpolitik entstehen und der Bezug auf das lebenslange Lernen in den Blick genommen wird. Schließlich geht es um Netzwerke für die Zukunft der Menschen in unseren Kommunen, die von der Kindertageseinrichtung bis zur Jugendarbeit und von der Museumspädagogik bis zur Sportförderung alle Angebote abstimmen und zueinander in Bezug setzen.

Die Akteure von regionalen Bildungslandschaften stehen dabei immer vor der großen Herausforderung, die Wirksamkeit ihrer Aktivitäten nachzuweisen und die Qualität nachhaltig sicherzustellen.

Systematische Evaluation und Qualitätsentwicklung ermöglichen eine wirkungsorientierte Gestaltung von Bildungslandschaften: Bildungsakteure vor Ort können mithilfe dieser Verfahren ihre Angebote von Beginn an besser auf die Bedarfe der Zielgruppen ausrichten und somit eine höhere Wirksamkeit auf dem Weg zu mehr Bildungsgerechtigkeit erzielen. Gleichzeitig helfen Evaluation und Qualitätsentwicklung dabei, die Kooperationsstrukturen und Arbeitsweisen der komplexen Netzwerke vor Ort zu analysieren. Insofern können Verfahren der Qualitätsentwicklung maßgeblich dazu beitragen, dass die Akteure in gegenseitiger Wertschätzung zusammenarbeiten und die jeweiligen Stärken an den Schnittstellen der Institutionen einbringen.

Zusätzlich ermöglichen es die Ergebnisse der Evaluation und Qualitätsentwicklung, die Aktivitäten einer Bildungslandschaft nach außen darzustellen und über die investierten Ressourcen Rechenschaft abzulegen – was gerade heute, in Zeiten des knappen Geldes, sinnvoll und notwendig ist. Dabei müssen nicht immer höchste wissenschaftliche Ansprüche erfüllt werden. Nach unserer Erfahrung sind auch pragmatische Verfahren für die Akteure einer Region sehr hilfreich und nutzbringend für die Beteiligten.

Dieser Leitfaden legt den Fokus darauf, wie Bildungslandschaften wirkungsorientiert gestaltet werden können, unabhängig von ihrer räumlichen Begrenzung und ihrer Entstehungsgeschichte. Er umfasst konkrete Handlungsanregungen für Leitende und Mitarbeitende aus Bildungsbüros sowie für alle anderen Akteure in der Kommune, die an der Qualitätssicherung von regionalen Bildungslandschaften beteiligt sind. Der Leitfaden zeigt, wie man Transparenz über angestrebte und erreichte Wirkungen herstellt und wie man eine Diskussionsbasis schafft, damit alle Akteure der Bildungslandschaft in gegenseitiger Wertschätzung die vor Ort geeigneten Strategien entwickeln können. Evaluation und Qualitätsentwicklung werden hier als Mittel zum Zweck verstanden, die wichtige und herausfordernde Aufgabe »Bildungslandschaft« gemeinsam mit den Akteuren der Region zu gestalten. Praxisorientierte Anregungen und Hilfestellungen sollen sachorientierte Dialoge ermöglichen und sie moderierend begleiten.

Aufbereitet wurden Erfahrungen aus der Stadt Freiburg und sechs ostwestfälischen Kreisen (Gütersloh, Herford, Höxter, Lippe, Minden-Lübbecke, Paderborn) sowie der kreisfreien Stadt Bielefeld im Regierungsbezirk Detmold. Diese Kreise bzw. Städte haben in den letzten Jahren unter unterschiedlichen Rahmenbedingungen Evaluations- bzw. Qualitätsentwicklungsverfahren angewandt. Die Bertelsmann Stiftung unterstützt diesen Prozess in Freiburg durch eine Grundpatenschaft bei »Lernen vor Ort« und in Ostwestfalen-Lippe (OWL) durch die enge Zusammenarbeit mit der Bezirksregierung Detmold.

Dieser Leitfaden basiert auf der konzeptionellen Arbeit von Stefan Schmidt (schmidt evaluation, Köln) sowie den praktischen Umsetzungen in OWL und in Freiburg. Stefan Schmidt hat die Initiative LEIF in Freiburg intensiv beim Thema Qualitätssicherung begleitet und beraten und seit 2010 alle Leitenden und Mitarbeitenden der sieben Bildungsbüros in OWL zum Thema Evaluationsverfahren im Auftrag der Bertelsmann Stiftung fortgebildet. Christoph Höfer, Schulaufsichtsbeamter und Leiter der »Servicestelle Bildungsregion OWL« bei der Bezirksregierung Detmold, hat den gesamten Leitfaden konzeptionell mitentwickelt und Teile des Textes verfasst. Wir danken Stefan Schmidt und Christoph Höfer für ihre engagierte und kompetente Arbeit.

Viele Praxisbeispiele aus OWL und Freiburg sind zur Veranschaulichung eingefügt. Daher sind wir allen Beteiligten vor Ort zu großem Dank verpflichtet, denn sie haben hoch engagiert die Ergebnisse aus ihren Regionen für den Leitfaden aufbereitet und Dokumente für den Anhang zur Verfügung gestellt. Insbesondere danken wir Veronika Schönstein, Stadt Freiburg, Leiterin der Initiative LEIF in Freiburg; Carolin Busch, Stadt Freiburg, Mitarbeiterin der Initiative LEIF (Bildungsmonitoring); Dr. Oliver Vorndran, Kreis Paderborn, Leiter des Bildungsbüros; Martina Soddemann, Kreis Herford, Leiterin des Amtes für Schule, Kultur und Sport; Frank Wedekind, Kreis Herford, pädagogischer Mitarbeiter der Bezirksregierung im Bildungsbüro; Horst Tegeler, Kreis Lippe, Leiter des Bildungsbüros; Jörg Stickling, Kreis Lippe, pädagogischer Mitarbeiter des Bildungsbüros; Georgia Schönemann, Stadt Bielefeld, Leiterin des Bildungsbüros; Dr. Sandra Legge, Kreis Höxter, Leiterin der Abteilung Bildungsmanagement; Christina Dunschen, Kreis Höxter, Koordinatorin Frühe Bildung; Gudrun Mackensen, Kreis Gütersloh, Leiterin des Bildungsbüros; Annegret Spilker, Kreis Gütersloh, Mitarbeiterin des Bildungsbüros; Maik Evers, Kreis Gütersloh, Mitarbeiter des Bildungsbüros; Antje Gieselmann, Kreis Minden-Lübbecke, Leiterin des Schulamtes.

Der Leitfaden gliedert sich wie folgt: Einführend wird in Kapitel 1 die große Bedeutung einer partizipativen Steuerung von Bildungslandschaften im Sinne einer *educational governance* herausgestellt. Zudem erläutert das Kapitel die Schnittstellen und Anknüpfungspunkte von Bildungsberichterstattung und Evaluation.

Um den Leserinnen und Lesern den Transfer auf die eigene Region zu erleichtern, werden in Kapitel 2 kurz die wesentlichen Entwicklungsschritte der Bildungslandschaften in OWL und in Freiburg geschildert.

Anschließend folgen praxisorientierte Kapitel, in denen allgemein verständliche evaluationsmethodische Erklärungen gegeben werden, denen Umsetzungsbeispiele aus OWL und Freiburg zugeordnet sind. Diese Beispiele finden sich zum einen in den blauen Kästen im Hauptteil dieses Leitfadens, zum anderen sind Beispiele und Dokumente aus den Regionen im Anhang beigefügt.

Kapitel 3 ist das Herzstück des Leitfadens. Hier wird dargelegt, mit welchen Schritten Wirkungsorientierung in der Praxis zu erreichen ist. Dabei wird deutlich, welche Synergien zwischen Praxisgestaltung und Evaluation dieser Prozess mit sich bringt und welche kritischen Punkte beachtet werden müssen, um unerwünschte Folgen zu vermeiden.

In den Kapiteln 4 und 5 wird gezeigt, wie Ergebnisse aus Evaluation und Qualitätsentwicklung dazu beitragen können, Aushandlungsprozesse in den komplexen Netzwerken der Akteure einer Bildungslandschaft zu gestalten. Abschließend werden in Kapitel 6 Anregungen und Handlungsempfehlungen für strategisch verantwortliche Bildungsakteure abgeleitet.

Die besonderen Herausforderungen der kommunalen Akteure in organisatorischer Hinsicht (Zusammenwirken der Stabsstellen, wie z. B. Bildungsbüro, mit der Linienorganisation, also den Ämtern und Dezernaten der klassischen Verwaltung) oder aus rechtlicher Sicht (Zuständigkeiten Bund – Land – Kommune) werden nicht ausdrücklich dargestellt. Dies gilt ebenso für die Zusammenarbeit zwischen der Kommunalverwaltung und der politischen Vertretung dieser Selbstverwaltungskörperschaften. Hierzu gibt es eine Reihe anderer Veröffentlichungen (Luthe 2009; Bleckmann und Durdel 2009; Bleckmann und Schmidt 2011; Weiß 2011). Die Methoden, Hinweise, Anregungen und Verfahren in diesem Leitfaden sind jedoch für die Arbeit mit *allen Akteuren* geeignet, also auch den Ländern und den politischen Gremien, oder für die Darstellung in den politischen Gremien.

Für die zielgerichtete Arbeit an einer Bildungslandschaft hat die Bertelsmann Stiftung eigene Workshops entwickelt. Diese haben Werkzeugcharakter und mit ihrer Hilfe kann ein mehrdimensionales Bildungsmodell für die Region entwickelt werden (www.bildungsworkshop-kommunen.de).

Synergien zwischen Steuerung und Evaluation von Bildungslandschaften

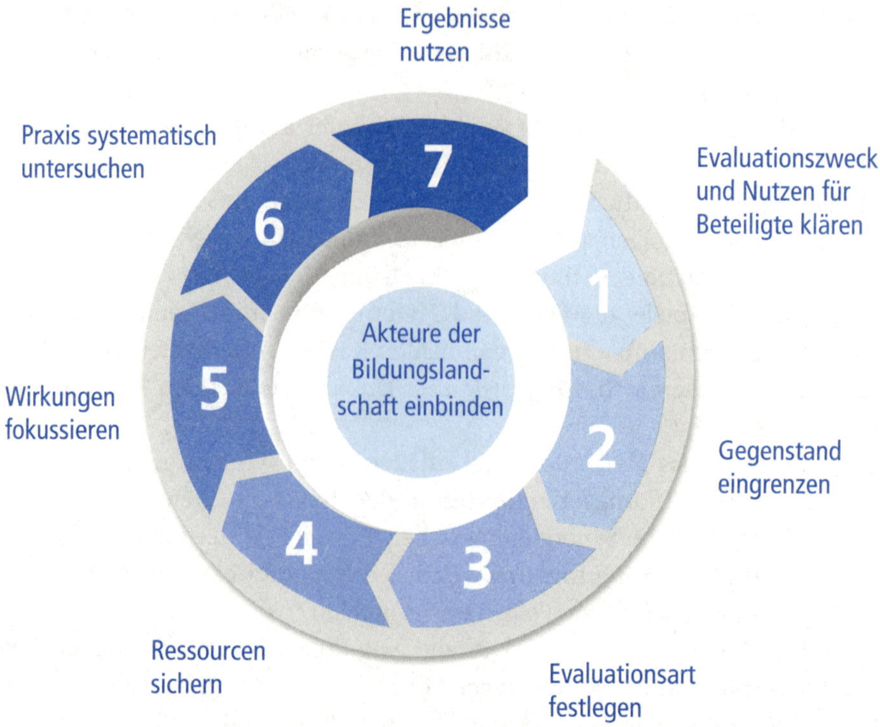

Zu den Begriffen

Bildungsakteure kennen aus eigener Erfahrung die häufig komplexen, teils inhaltlich und teils förderrechtlich begründeten Regelungen zur Verwendung von Begrifflichkeiten. Da wir in diesem Leitfaden mit Praxiserfahrungen aus der Region Ostwestfalen-Lippe (OWL) und der Stadt Freiburg arbeiten, haben wir für eine bessere Lesbarkeit einheitliche pragmatische Lösungen gefunden.

In der Bildungslandschaft Freiburg und den Bildungsregionen in OWL werden Maßnahmen zur Qualitätsentwicklung durchgeführt. Dabei werden Konzepte, Methoden und Instrumente der Evaluation verwendet.

In Freiburg startete im Jahr 2005 das Projekt »Bildungsregion«, in dem zentrale Akteure der schulischen Bildung zusammenarbeiten (koordiniert vom Regionalen Bildungsbüro). Durch die Beteiligung am Bundesprogramm »Lernen vor Ort« (LvO) wurde 2009 ergänzend die Initiative »Lernen Erleben In Freiburg« (LEIF) gestartet, die über die schulische Bildung hinaus das lebenslange Lernen in den Blick nimmt. Aus Gründen der Differenzierung wird in Freiburg der Begriff der »Bildungsregion« verwendet, wenn es um das Projekt »Bildungsregion« und die Aktivitäten des Regionalen Bildungsbüros geht. Als übergeordneter Begriff wird »Bildungslandschaft« verwendet: Die Bildungslandschaft umschreibt den Bereich des Lernens im gesamten Lebensverlauf, in dem sich auch die Initiative LEIF bewegt. Im ostwestfälischen Regierungsbezirk Detmold werden seit dem Jahr 2006 die Kreise und kreisfreien Städte dabei unterstützt, Bildungsbüros aufzubauen. In den Gebietskörperschaften wird der Begriff »Bildungsregion« verwendet.

Um eine bessere Lesbarkeit zu gewährleisten, haben sich die Verantwortlichen der Bildungsregionen in OWL freundlicherweise damit einverstanden erklärt, dass in diesem Leitfaden der Begriff »Bildungslandschaft« verwendet wird. Ausnahmen bilden die Ausführungen im Kapitel 2, in dem die Entstehungsgeschichte der Bildungsregionen in Ostwestfalen beschrieben wird, und die in den Leitfaden integrierten Praxisberichte von Bildungsbüroleitungen aus OWL.

1 Bildungsmanagement

Bildung: Grundlage für Selbstverwirklichung und soziale Verantwortung

Bildung ist das Humankapital einer Gesellschaft und somit ein zentraler Zukunftsfaktor. Wer diesem Grundsatz gerecht werden möchte, darf Bildung nicht auf den Erwerb von Wissen reduzieren. Der Bildungsbegriff muss alle individuellen Lern- und Entwicklungsprozesse einbeziehen, die für das Individuum und die Gesellschaft relevant sind. Zur Entwicklung dieses Bildungsverständnisses hat die Denkschrift der Kommission »Zukunft der Bildung – Schule der Zukunft« des Landes Nordrhein-Westfalen (NRW), die 1995 vom damaligen Ministerpräsidenten Johannes Rau eingerichtet wurde, wegweisende Denkanstöße für eine breite öffentliche Debatte gegeben (Bildungskommission NRW 1995). Darin wird gefordert, dass Menschen

- den Anspruch auf Selbstbestimmung und die Entwicklung eigener Lebens- und Sinnbestimmungen verwirklichen und für alle Mitmenschen anerkennen sollen;
- eine Mitverantwortung für die ökonomischen, politischen, kulturellen, zwischenmenschlichen, also für die gesellschaftlichen Verhältnisse übernehmen sollen;
- die eigenen Ansprüche, die ihrer Mitmenschen und die Anforderungen der Gesellschaft in eine vertretbare, den eigenen Möglichkeiten entsprechende Relation bringen und weiterentwickeln sollen.

Entwicklung der Bildungslandschaften

Die Entwicklung der Bildungslandschaften wurde im weiteren Verlauf durch die Modellprojekte »Schule & Co.« und »Selbstständige Schule« von dem Ministerium für Schule in NRW und der Bertelsmann Stiftung weiter gefördert (Schmidt und Höfer 2012). Bildungslandschaften verfolgen ein Ziel mit großer gesellschaftlicher Relevanz: Sie sollen Chancengerechtigkeit im Bildungswesen sicherstellen. Um dies zu erreichen, wird derzeit deutschlandweit in vielen Regionen ein systematisches Bildungsmanagement mit effektiven und effizienten Vernetzungsstrukturen zwischen bildungsrelevanten Institutionen aufgebaut, wie Kindertagesstätten, Schulen,

Abbildung 1: Aufgaben des Bildungsmanagements im Kreis Höxter

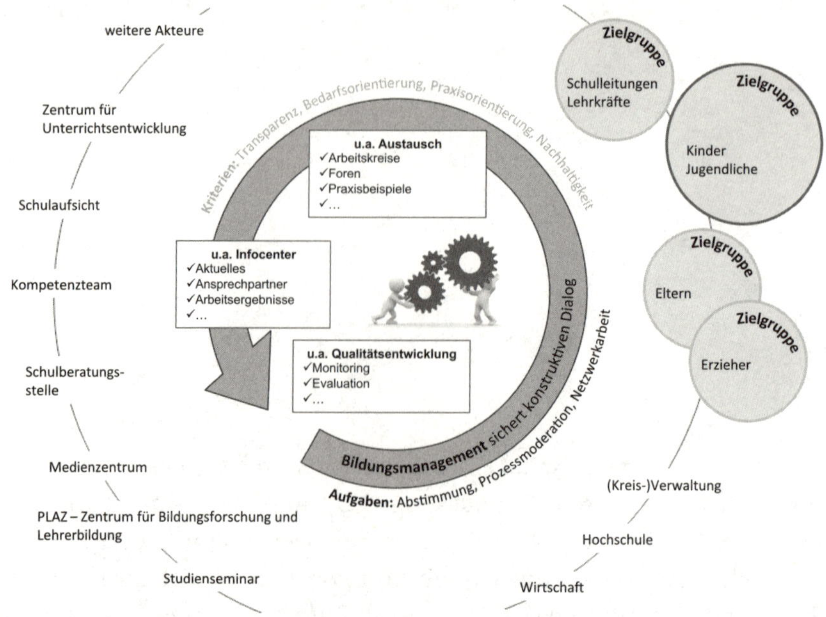

Abbildung 2: Aufgabenbereich des Bildungsmanagements in der Stadt Freiburg

Ausbildungsbetrieben, Jugendhilfe, Bibliotheken, Museen, Volkshochschulen, Musikschulen, Sportvereinen, Kirchen, Polizei, Wirtschaftsverbänden. Dieser Ansatz wird auf unterschiedlichen räumlichen Ebenen verfolgt – daher unterscheidet man zwischen regionalen, kommunalen und lokalen Bildungslandschaften.

Zu Beginn werden die Schwerpunkte meist im schulischen Bereich gelegt, wie etwa im Kreis Höxter (vgl. Abbildung 1). Perspektivisch kann das Lernen im gesamten Lebensverlauf in den Blick genommen werden, wie etwa in der Stadt Freiburg (vgl. Abbildung 2).

1.1 Educational Governance

Vielfalt der Akteure als Stärke nutzen

Der Kontext von Bildungslandschaften verlangt von den Verantwortlichen eine große Bereitschaft zur Kooperation mit regionalen Bildungsakteuren sowie die Fähigkeit, eine partizipativ angelegte Steuerung im Sinne einer modernen *educational governance* umzusetzen. Bildungslandschaften werden auf strategischer Ebene durch eine Kooperation von staatlichen (je nach Fördermodell von Bund und/oder Land) und kommunalen Akteuren verantwortet. Regionale Bildungsbüros und Bildungsinitiativen wie LEIF stehen unter einem hohen Legitimationsdruck gegenüber den jeweiligen Mittelgebern. Darüber hinaus stellen sich vielschichtige Herausforderungen: die Zusammenarbeit in der Kommune und die Verständigung in einem multidisziplinären Team, extern werden – im Zuge des bildungsbiografischen und sozialräumlichen Ansatzes – neben den Schulen auch weitere, teils privatwirtschaftliche und freie Träger in Projekte einbezogen, etwa aus dem frühkindlichen Bereich, der Sprachförderung, der Kinder- und Jugendhilfe oder dem Berufsbildungssystem.

Die Partner sind nicht weisungsgebunden und müssen inhaltlich überzeugt werden. Ihre Ressourcen sind begrenzt und ihre Kooperationsbereitschaft ist zum Teil noch entwicklungsfähig. Außerdem bringen sie eigene Wertvorstellungen und organisationale bzw. berufliche Selbstverständnisse in die Zusammenarbeit ein. Dies gilt für Schulen genauso wie für freie Träger der Kinder- und Jugendhilfe oder für Migrantenorganisationen. Auf der anderen Seite stehen oft vielfältige Ziele und umfangreiche Ansprüche von Zielgruppen und Akteuren. »Der Governancebegriff verweist auf das reduktionistische Moment eines linear-direktiven Verständnisses von Steuerung und fokussiert die Frage der Handlungskoordination, der Art und Funktionalität des Zusammenwirkens verschiedener Einzelbeiträge zur Koordination und Entwicklung des Gesamtsystems« (Altrichter, Brüsemeister und Wissinger 2007: 24).

Aushandlungsprozesse auf Augenhöhe gestalten

Gefragt sind somit Vorgehensweisen, durch die Ziele und Bewertungskriterien für gemeinsam getragene Projekte dialogisch ausgehandelt werden. Die netzwerkartige Struktur der unterschiedlichen Akteure einer Bildungslandschaft lässt sich nicht direktiv steuern. Vielmehr muss das Zusammenwirken auf Augenhöhe und mit gegenseitiger Wertschätzung gestaltet werden. Die sich entwickelnden Koordinations- und Kooperationsmuster müssen analysiert werden, um aus Erfahrungen lernen zu können.

Qualitätsentwicklung verbindlich vereinbaren

Eine systematische Qualitätsentwicklung schafft eine gute Grundlage, um diese Herausforderungen zu bewältigen. Sie stellt jedoch gleichzeitig eine neue Herausforderung dar, weil selten gesonderte bzw. nur geringe Mittel dafür vorgesehen sind, etwa zur Vergabe von Evaluationsaufträgen an Externe. Dennoch hat die Evaluationsmethodik geeignete und finanzierbare Verfahren entwickelt – auch wenn diese häufig nicht bekannt sind. Im Schulkontext haben viele Personen bis zu einer ersten positiven Erfahrung zudem eher Vorbehalte gegenüber Evaluationen. Hier gilt es, die Vorstellung zu entkräften, dass dabei in einem nicht transparenten Verfahren vor allem praxisferne Empfehlungen entwickelt werden. Eine gute Möglichkeit, Qualitätsentwicklung als festen Bestandteil in Kooperationsprojekten zu verankern, zeigt das Vorgehen des Bildungsbüros im Kreis Paderborn: Die Kooperationsverträge für einzelne Projekte enthalten einen Artikel zur Evaluation sowie die konkreten Zuständigkeiten der Partner.

Im Anhang 1 (S. 109) finden Sie die Vertragspassagen zur Evaluation aus Kooperationsvereinbarungen des Bildungsbüros im Kreis Paderborn.

Evaluation als Dienstleistung für Bildungsakteure

Nicht nur Bildungsakteure, sondern auch Evaluationsexpertinnen und -experten haben unterschiedliche Selbstverständnisse und Wertvorstellungen. Dieser Leitfaden hat nicht den Anspruch, die Wirklichkeit in Bildungsinstitutionen und Bildungslandschaften mit empirischen Messverfahren vollständig zu erfassen. Die sehr komplexen Zusammenhänge von Ursache und Wirkung, die sich aus den dort herrschenden vielfältigen Faktoren ergeben (u. a. der Bildungsinstitution, dem Elternhaus, der Peergroup, der psychosozialen und physischen Entwicklung im Kinder- und Jugendalter), sind empirisch nicht adäquat zu erfassen, zumindest nicht ohne sehr aufwendige Verfahren.

Der hier dargestellte Ansatz geht ferner davon aus, dass es nicht nur den einen – einzig richtigen – Weg zur gut funktionierenden Bildungslandschaft gibt. Vielmehr müssen geeignete Wege zu einer effektiven und effizienten Bildungslandschaft von kompetenten, motivierten und informierten Bildungsakteuren gestaltet werden. Die Maßnahmen zur Qualitätsentwicklung sollten eine Dienstleistung für Bildungsakteure sein, die ihre Institution und deren Vernetzung in der Bildungslandschaft auf die Bedarfe ihrer Zielgruppen hin und im Interesse des Gemeinwohls optimal ausgestalten möchten.

»Standards für Evaluation«: praxisnahe Umsetzungshilfen

Im Rahmen von Qualitätsentwicklungsmaßnahmen können dafür beispielsweise Zielklärungsprozesse initiiert und empirische Erhebungsergebnisse bereitgestellt werden. Diese ermöglichen es Bildungsakteuren, in einen konstruktiven Dialog zu treten. Externe Fachleute können diese Aushandlungsprozesse moderierend begleiten. Ein solches Vorgehen liefert nützliche und genaue Ergebnisse, deren Belastbarkeit und Reichweite transparent sind; mit den beteiligten Akteuren wird fair und wertschätzend umgegangen. Einen geeigneten Rahmen bieten die Standards für Evaluation (Gesellschaft für Evaluation 2001) und die Empfehlungen zu ihrer Anwendung im Handlungsfeld der Selbstevaluation (ebd. 2004). Diese beiden Publikationen sind in jedem Fall empfehlenswert. Sie beschreiben sehr praxisnah die wesentlichen Kriterien zur Durchführung einer nutzbringenden Evaluation.

1.2 Bildungsberichterstattung und Evaluation

Stand der Bildungsberichterstattung berücksichtigen

Zentrale Voraussetzung für ein koordiniertes Handeln regionaler Bildungsakteure ist es, möglichst weitgehende Transparenz zu schaffen über Handlungsbedarfe sowie über Prozesse und Ergebnisse von gemeinsam getragenen Projekten. Zu diesem Zweck wird derzeit bundesweit eine regelmäßige Bildungsberichterstattung aufgebaut. In Freiburg existiert diese seit dem Jahr 2008 (Stadt Freiburg 2010). Auch in einigen Kreisen der Region Ostwestfalen-Lippe (OWL) wurde jetzt damit begonnen, Bildungsberichte zu erstellen. Dabei zeigt sich, dass eine hochwertige Bildungsberichterstattung sehr anspruchsvoll und ressourcenintensiv ist (Beispiele guter Praxis finden Sie online im »Wegweiser Kommune« der Bertelsmann Stiftung unter www.demographiekonkret.de). Anfangs umfassen Bildungsberichte häufig »nur« eine Aufstellung statistischer Daten, aus denen sich Handlungsbedarfe ableiten lassen (z. B. die Quote der Schulabschlüsse in bestimmten Sozialräumen). Im Folgenden werden Unterschiede zwischen einer Bildungsberichterstattung und einer Evaluation skizziert, und es wird gezeigt, wie sich beide Ansätze ergänzen können.

Bildungsbericht schafft Transparenz über Handlungsbedarfe

Ein *Bildungsbericht* gibt Auskunft über zentrale Aspekte von aktuellen und künftig zu erwartenden Handlungsbedarfen und über zentrale Aspekte der Bildungsqualität in einer bestimmten Region, bezogen auf festzulegende Themengebiete (z. B. frühkindliche Bildung, schulische Bildung, berufliche Bildung). Zweck der Bildungsberichterstattung ist es, Probleme zu identifizieren und Entwicklungen über bestimmte Zeiträume hinweg zu verfolgen. Grundlage sind statistische Kennzahlen bzw. Daten, manchmal auch Evaluations- und Forschungsergebnisse, die in Zeitreihe vorliegen. Ein Bildungsbericht muss konzeptgestützt erstellt werden. Die Indikatoren müssen auf Grundlage einer fachlichen Problemanalyse entwickelt werden, für die unter anderem Evaluationen zuarbeiten können.

Eine hochwertige Bildungsberichterstattung ermöglicht es, auf Basis von statistischen Daten und Indikatoren wesentliche Fragen im Hinblick auf gelingende Bildung gemeinsam mit allen relevanten Akteuren zu erörtern. Darüber hinaus sind Bildungsberichte mithilfe ausgereifter Indikatoren-Sets dafür geeignet, die Erreichung zentraler Impacts (Veränderungen in sozialen Systemen) in Bildungslandschaften zu erfassen (z. B. die Umsetzung von Inklusion in den Schulen einer Region).

Evaluationen begleiten Projekte

Evaluationen beziehen sich auf einen abgrenzbaren Gegenstand, etwa auf ein kleines oder auch komplexes Programm bzw. Projekt eines Bildungsbüros. In Evaluationen werden sozialwissenschaftliche (qualitative und quantitative) Methoden angewandt. Bewertungen des Evaluationsgegenstandes erfolgen systematisch auf einer gesicherten Datenbasis. Dafür werden empirische Methoden der Erhebung und Auswertung angewandt – transparent und nachvollziehbar entlang ausgewiesener Kriterien. Evaluationen werden meist aus einem oder mehreren dieser Gründe durchgeführt: um ein Programm oder Projekt zu optimieren, um über erreichte Ergebnisse Rechenschaft abzulegen, um Entscheidungen über das weitere Vorgehen zu treffen oder um Wissen zu generieren, das perspektivisch für die fachliche Weiterentwicklung im Themenfeld genutzt werden soll.

Tabelle 1: Merkmale von Evaluation und Bildungsberichterstattung

Evaluation	Bildungsberichterstattung
bezieht sich auf ein abgrenzbares Programm (z. B. Programm zur Erhöhung des Anteils von Mädchen/Frauen in MINT-Berufen)	bezieht sich auf Entwicklungen in der Region (z. B. Mädchen/Frauen in MINT-Berufen)
hat den Zweck, die Umsetzung von Programmen zu optimieren, Rechenschaft abzulegen, Entscheidungen zu treffen, neues Fachwissen zu generieren (z. B. Evaluation des Programms zur Erhöhung des Anteils von Mädchen/Frauen in MINT-Berufen)	hat den Zweck, Handlungsbedarfe zu identifizieren und Entwicklungen zu verfolgen (z. B. Messung der Anzahl von Mädchen/Frauen in MINT-Berufen über mehrere Jahre)
Grundlage sind systematisch erhobene empirische Daten (z. B. eine schriftliche Befragung per Fragebogen oder ein Face-to-Face-Interview)	Grundlage sind statistische Daten und Indikatoren für Wirkzusammenhänge (z. B. Anzahl an Mädchen/Frauen in MINT-Berufen, die an einem Förderprogramm teilgenommen bzw. nicht teilgenommen haben)

Bildungsbericht und Evaluation können sich gut ergänzen

Ein Bildungsbericht kann Evaluationsergebnisse hinzuziehen; ebenso kann im Rahmen von Evaluationen auf Bildungsberichtsergebnisse zurückgegriffen werden. »Bildungsberichterstattung ist im Kontext von Bildungsforschung und Evaluation von Bildungsinstitutionen und bildungspolitischen Programmen zu sehen. (...) Sie stützt sich auf Ergebnisse einer empirischen Bildungsforschung und stellt diese Ergebnisse in einer aufbereiteten, der Öffentlichkeit zugänglichen Form zur Verfügung. (...) Bildungsberichterstattung verbessert damit auch die Basis für Evaluation im Bildungsbereich auf der Ebene der Systeme und der einzelnen Institutionen« (Bundesministerium für Bildung und Forschung 2004).

In kommunalen und regionalen Bildungsberichten wird bereits auf Ergebnisse aus Evaluationsstudien zurückgegriffen. Häufig wird jedoch deutlich, dass es einen großen Weiterentwicklungsbedarf hinsichtlich einer Professionalisierung der angewendeten Verfahren gibt. Exemplarisch zeigt dies ein

Zitat aus dem Bildungsbericht für die Region Ruhr: »So wird in Bezug auf die Überprüfung längerfristiger Effekte (...) nur in zwei Fällen ausdrücklich angegeben, dass die Evaluation extern durchgeführt wird. Bei mehr als der Hälfte (59 %) der angegebenen Evaluationsmethoden wird nicht deutlich, ob überhaupt bzw. wenn ja, welche Instrumente eingesetzt werden. Hier werden informelle Evaluationsverfahren genannt, wie Austausch im Team, mit Eltern und vor allem mit Grundschulen« (Regionalverband Ruhr 2012).

Schnittstellen und Anknüpfungspunkte klären

Bildungsberichterstattung und Evaluation beziehen sich auf unterschiedliche Gegenstände, verfolgen unterschiedliche Zwecke und bedienen sich unterschiedlicher Daten. Es ist im Einzelfall abzustimmen, ob und ggf. wie Ergebnisse der beiden Verfahren für das jeweils andere nutzbar gemacht werden sollen und können. Je nach Art der Evaluation und dem damit verfolgten Zweck sollte dies im Sinne einer wirkungsorientierten Steuerung angestrebt werden.

Bei Fremdevaluationen ist dies in der Regel leichter zu realisieren: Sie sind meist von vornherein darauf angelegt, objektive Ergebnisse zu generieren, die nicht nur an die direkt beteiligten Projektmitarbeitenden, sondern auch an die strategische Steuerung adressiert sind und darüber hinaus öffentlich zugänglich gemacht werden. Außerdem können im Rahmen von Fremdevaluationen anspruchsvolle empirische Verfahren angewendet werden, die valide Ergebnisse liefern. Selbstevaluationen (z. B. mit dem SEIS-Instrumentarium) werden meist zum Zweck der Optimierung initiiert und unterstützen vor allem die direkt beteiligten Projektakteure dabei, ihre Arbeit systematisch zu reflektieren und fachlich weiterzuentwickeln. Eine verpflichtende Weitergabe der Ergebnisse an Externe kann eine selbstkritische Haltung erschweren.

Wie können Evaluationsverfahren einen Bildungsbericht ergänzen?

Die in diesem Leitfaden vorgestellten methodischen Grundlagen, Praxisbeispiele und Musterinstrumente sollen eine kommunale und regionale Bildungsberichterstattung ergänzen:

1. mithilfe eines wirkungsfokussierenden Zielsystems als Steuerungsinstrument
   - für Leitungskräfte eines Bildungsbüros bzw. einer Bildungsinitiative für Aushandlungs- und Abstimmungsprozesse in den politischen Gremien
   - für Leitungskräfte eines Bildungsbüros bzw. einer Bildungsinitiative zur internen Steuerung
   - für verantwortliche Mitarbeitende von Projekten des Bildungsbüros bzw. der Bildungsinitiative für Aushandlungs- und Abstimmungsprozesse mit kooperierenden Bildungsinstitutionen
2. mithilfe von Evaluationsverfahren in Bildungsbüros bzw. Bildungsinitiativen zur Qualitätsentwicklung, je nach vorhandenen Ressourcen und Bedarfen in Form von Fremdevaluationen, internen Evaluationen, Peer-Evaluationen oder Selbstevaluationen bzw. durch Kombination dieser Verfahren

Der folgende Praxisbericht aus dem Kreis Lippe beschreibt einen (von mehreren) konkretisierten Zweck, der mit den Qualitätsentwicklungsmaßnahmen dort verfolgt wird:

Eine von mehreren Maßnahmen im Kreis Lippe, die aufgrund der Bildungsberichterstattung initiiert wurden:

Der erste Bildungsbericht des Kreises Lippe hat deutlich gemacht: Nach den vorliegenden Ergebnissen der Delfin-4-Untersuchungen und weiteren Datenquellen besteht in der Bildungsregion Lippe ein signifikanter Sprachförderbedarf für Kinder mit und ohne Migrationshintergrund. Dies hat bedeutende Auswirkungen auf die weitere Bildungsbiografie. Mangelnde Sprachkompetenz hat negative Folgen nicht nur für den Schriftspracherwerb (Rechtschreibung und Lesen), sondern auch für andere Schulfächer. Letztlich wird die Teilhabe an der Gesellschaft nicht gesichert, da der schulische Erfolg für die berufliche Zukunft von großer Bedeutung ist. Insbesondere geht es darum, das Recht auf individuelle Förderung umzusetzen und sicherzustellen, dass eine zeit- und ortsnahe Diagnostik und Förderung/Therapie erfolgt.

Diese aktuellen Herausforderungen wurden in den Steuerungsgremien des Bildungsmanagements und im Bildungsausschuss des Kreises Lippe breit diskutiert. Es besteht Konsens, dass Sprachkompetenzprobleme bei Schülerinnen und Schülern vor dem Hintergrund der Strategien und bereits bestehenden konzeptionellen Ansätze in den verschiedenen Bildungseinrichtungen aufgegriffen und die Sprachkompetenz bedarfsgerecht gefördert werden müssen. Gemeinsam mit allen Akteuren des Bildungsmanagements gilt es, besonders in den ersten sechs Lebensjahren den Weg für eine erfolgreiche Bildungsbiografie durch die schrittweise Umsetzung folgender Maßnahmen zu ebnen: Erstkontakte zur Elternbildung nutzen, Kooperation mit Fachkräften der Kinder- und Jugendmedizin intensivieren, Bildungs- und Entwicklungsbegleiter einsetzen etc. Das Bildungsbüro implementiert hierbei mit den jeweiligen Bildungspartnern der Region abgestimmte und den vorhandenen Ressourcen angepasste Evaluationsverfahren, um im Verlauf Optimierungsansätze zu identifizieren und deren Zielerreichung zu prüfen. Grundlage hierfür wird eine breit angelegte Befragung in allen Schulformen zu sprachauffälligen Schüler/-innen im Herbst 2012 sein, die eine belastbare Datengrundlage für weitere Maßnahmen im Rahmen eines datengestützten Bildungsmanagements bieten wird.

Horst Tegeler, Kreis Lippe, Leiter des Bildungsbüros

2 Die Entwicklungen in Freiburg und Ostwestfalen-Lippe

Bildungslandschaften streben Chancengerechtigkeit an

Die leitende Zielsetzung der Bildungslandschaften der Stadt Freiburg und der Region Ostwestfalen-Lippe (OWL), deren Erfahrungen mit Qualitätsentwicklungsverfahren in diesem Leitfaden aufbereitet werden, ähnelt sich. Es soll ein Bildungsangebot existieren, das Chancengerechtigkeit gewährleistet und die erfolgreiche Gestaltung von Bildungsbiografien ermöglicht. Dafür wird u.a. das Übergangsmanagement in den Blick genommen, häufig werden Projekte initiiert, etwa zur Sprachkompetenzförderung, die perspektivisch zum flächendeckenden Regelangebot in Bildungsinstitutionen ausgebaut werden sollen. Betrachtet man die Vorgeschichte und wesentliche strukturelle Merkmale, werden zwischen den ostwestfälischen Gebietskörperschaften und der Stadt Freiburg zahlreiche Unterschiede deutlich. Dieses Kapitel beinhaltet Informationen, die für die Beurteilung der Transfermöglichkeiten aller dargestellten Verfahren und Praxisbeispiele relevant sind.

2.1 Vorgeschichte

Freiburg

Von der Schullandschaft zum lebenslangen Lernen

Im Jahr 2005 startete in Freiburg im Rahmen des Landesprogramms »Regionale Bildungslandschaften« das »Projekt Bildungsregion Freiburg« in Trägerschaft der Stadt Freiburg und des Landes Baden-Württemberg mit Unterstützung der Bertelsmann Stiftung. Nachfolger dieses Landesprogramms ist seit dem Jahr 2009 das »Impulsprogramm Bildungsregionen«. Das operative Geschäft wurde vom neu aufgebauten »Regionalen Bildungsbüro« geleistet, eine regionale Steuerungsgruppe koordinierte Maßnahmen in Einzelschulen und thematischen Netzwerken.

In dem Projekt kamen erstmals die wichtigsten Akteure Freiburgs für die schulische Bildung zusammen: die Stadt Freiburg als Schulträgerin und das

Annäherung von Schulaufsicht und Stadtverwaltung

Land Baden-Württemberg als Schulaufsicht. Das Erarbeiten eines Leitbildes führte in der Projektphase zu einem Sprachabgleich und gleichzeitig zum Kennenlernen der verschiedenen Kulturen von Schulaufsicht und Stadtverwaltung. In inhaltlich schwierigen Situationen hat es sich stets als unterstützend und hilfreich erwiesen, sich auf die Aussagen des Leitbilds zu besinnen. Es gilt noch heute als Rahmen für die Weiterentwicklung der Schullandschaft und galt als Modell für LEIF.

Im Projekt Bildungsregion Freiburg wurden gute Erfahrungen mit systematischer Qualitätsentwicklung gemacht, im Wesentlichen mit dem SEIS-Instrumentarium (www.seis-deutschland.de). Der Qualitätsentwicklungsprozess der Freiburger Schulen lieferte für die regionale Steuerungsgruppe und weitere Entscheidungsträger der Region wichtiges Steuerungswissen beim Aufbau der Bildungsregion. Jenseits von Positionskämpfen konnten die Mitglieder auf einer sachlichen Grundlage tragfähige und zielorientierte Entscheidungen im Konsensprinzip treffen. Seit 2009 ist die Bildungsregion Freiburg dauerhaft etabliert. Mit dem Bundesprogramm LvO und der Initiative LEIF nutzte Freiburg die Chance, die begonnene Arbeit der Bildungsregion deutlich zu erweitern: von der Schullandschaft hin zum lebenslangen Lernen.

Modellstandort des Bundesprogramms LvO

Freiburg ist eine von 40 Städten bzw. Kreisen, die am Bundesprogramm Lernen vor Ort (LvO) beteiligt sind. Schwerpunkt des Programms ist der Aufbau von Strukturen, die eine nachhaltige, verlässliche Kooperation aller wichtigen Bildungspartner der Stadt Freiburg (bezogen auf die gesamte Bildungsbiografie) unterstützen. Hierzu soll ein kommunales Bildungsmanagement aufgebaut werden. Es hat die Aufgabe, alle relevanten Bildungspartner zusammenzubringen und zu neuen Kooperationen zu führen, damit Angebote gut abgestimmt, einfach zugänglich, leicht zu finden und an den Bedürfnislagen der Menschen orientiert sind.

Erst Leitbildentwicklung, dann Strukturaufbau

Nach den Erfahrungen mit der Gestaltung der Schullandschaft wurde in Freiburg sehr bewusst entschieden, mit einer Leitbildarbeit in LEIF einzusteigen: Bereits im September 2009 wurde in der ersten Steuerkreissitzung ein Leitbildvorschlag diskutiert, der auf Basis des Förderantrags entstanden war. Dieser Vorschlag wurde nach der ersten Sitzung weiterentwickelt und mit Arbeitsgrundsätzen kombiniert:

- Der Steuerkreis entscheidet die strategischen Leitlinien von LEIF, er führt und steuert mit Zielvorgaben, die er auf Grundlage des Leitbilds erstellt (Stadt Freiburg 2009). Er tagt bedarfsorientiert, jedoch maximal viermal im Jahr.
- Der Projektleitung obliegt in Zusammenarbeit mit der Lenkungsgruppe die operative Umsetzung der strategischen Leitlinien von LEIF.
- Darüber hinaus wird zweimal jährlich eine Bildungskonferenz einberufen: das Organ, das die Bildungsthemen in die Stadt hineinkommuniziert und als Resonanzgremium zur Verfügung steht. Ihr gehören neben dem

Oberbürgermeister, der Dezernentin und den Dezernenten alle relevanten Bildungsakteure der Stadt Freiburg an (von den Schulformen benannte Vertreter/-innen, Schulträger, Jugendhilfe, Kindertageseinrichtungen, Schulaufsicht, Elternvertreter/-innen, Schülervertreter/-innen, Wirtschaft, Agentur für Arbeit, Gewerkschaften, Kirchen, Sport, Migrantenorganisationen und weitere gesellschaftliche Gruppen).

Dies ergab für die Projektleitung den Auftrag, mit dem Projektteam und den Bildungspartnern auf der Basis des Leitbilds in einen Leitzielprozess zu starten und die Aktionsfelder von LEIF festzulegen. Unterstützt und begleitet wurde dieser Prozess von der Bertelsmann Stiftung, die im Rahmen von LvO eine Grundpatenschaft für LEIF übernommen hat. Das Ergebnis dieses Klärungsprozesses war Basis für die Entwicklung eines Zielsystems, die zu Beginn der Maßnahmen zur Qualitätsentwicklung erfolgte (vgl. Kapitel 2.3).

Ostwestfalen-Lippe

NRW: »Wiege« der Bildungslandschaften

In Nordrhein-Westfalen (NRW) wurde bereits 1995 der Grundstein für die schulische Qualitätsdebatte gelegt. Die Denkschrift »Zukunft der Bildung – Schule der Zukunft« der vom damaligen Ministerpräsidenten Rau eingerichteten Bildungskommission gab wegweisende Anstöße für eine breite öffentliche Debatte. In der Folge vereinbarten das Ministerium für Schule und Weiterbildung und die Bertelsmann Stiftung die Durchführung des Projekts »Schule & Co.«, das im Kreis Herford und in der Stadt Leverkusen zentrale Entwicklungsfelder in der schulischen Praxis erprobte: unter anderem die qualitätsorientierte Selbststeuerung von Schulen, die externe Unterstützung bei der Qualitätsentwicklung sowie den Aufbau regionaler Bildungslandschaften. Als ein notwendiges Strukturelement für regionale Entwicklungen wurde im Projektverlauf die Einrichtung einer regionalen Steuerungsgruppe bestätigt. Außerdem wurde 1999 im Kreis Herford ein regionales Bildungsbüro eingerichtet – und damit bundesweit erstmalig ein Dienstleister im Kreisgebiet geschaffen, um dem steigenden Koordinierungs- und Unterstützungsbedarf der beteiligten Schulen gerecht werden zu können.

Gemeinsame Arbeit von Land, Bezirksregierung und Kommunen

Die Erfahrungen aus dem Projekt »Schule & Co.« brachten die Projektträger in das Konzept des landesweiten Folgeprojektes »Selbstständige Schule« ein. Dort wurden von 2002 bis 2008 teils dieselben zentralen Ziele wie in »Schule & Co.« verfolgt, nun allerdings in 19 der 54 Kreise bzw. kreisfreien Städte. Da 2006 auf Landesebene nicht erkennbar war, ob und wie nach Ablauf des Modellvorhabens zwei Jahre später die Entwicklungsarbeit systematisch fortgesetzt werden könnte, sollte die Nachhaltigkeit durch bezirksintern verantwortete Aktivitäten sichergestellt werden. Der Regionalrat in Detmold traf die Entscheidung, dass die Bezirksregierung jedem Kreis und der kreisfreien Stadt Bielefeld ein Angebot unterbreiten sollte, wie eine für das Bildungs- und Übergangsmanagement zuständige Organisationseinheit mit kommunal-staatlicher Struktur – unter Zusammenführung der personellen und finanziellen Ressourcen des Landes und des Kreises bzw. der kreisfreien Stadt – auf der Basis einer freiwilligen Vereinbarung umgesetzt werden könnte.

Kooperationsvereinbarungen

Zwischen 2007 und 2010 wurden in allen sieben Bildungsregionen Kooperationsvereinbarungen erarbeitet und unterzeichnet. Auf der Grundlage der Erkenntnisse aus den vorgenannten Modellprojekten wurden wesentliche strukturelle Merkmale der Bildungsregion OWL festgelegt, unter anderem

- die Vereinbarung gemeinsamer Entwicklungsziele durch die Aushandlung von Kontrakten zwischen den Partnern auf Augenhöhe und nicht per einseitiger Vorgabe,
- die Umorientierung von einer institutionenbezogenen (= schulbezogenen) Entwicklungsperspektive hin zu einer bildungsbiografischen Orientierung auf den Bürger bzw. die Bürgerin als lernendes Subjekt entlang des Lebenslaufs,
- die Einrichtung eines Bildungsbüros als Dienstleister für alle Bildungseinrichtungen, das mit Mitarbeitenden des Kreises bzw. der Stadt und mit Landesbediensteten (Lehrkräften) besetzt ist.

Darüber hinaus wurden in jeder Bildungsregion zwei Steuerungsebenen in kommunal-staatlicher Verantwortungsgemeinschaft implementiert:

- eine strategische Steuerung (Lenkungskreis), die aus Landrat/Oberbürgermeister, zwei bis drei Bürgermeistern, der Abteilungsleitung Schule der Bezirksregierung und zwei Schulaufsichten besteht, sowie
- eine operative Steuerung (Leitungsteam): Sie besteht aus auf Zeit gewählten Schulleitungen, den Leitungen von Schulverwaltung und Jugendamt (des Kreises und kreisangehöriger Städte), je einer Schulaufsicht aus dem örtlichen Schulamt und der Bezirksregierung sowie der Leitung des Bildungsbüros.

In jeder Gebietskörperschaft wird einmal jährlich eine Bildungskonferenz einberufen. Ebenso wie in Freiburg sind dort politische Repräsentanten und alle relevanten Akteure im Bildungsbereich vertreten. Die Bildungskonferenz kommuniziert die Themen in den Kreis bzw. die Stadt hinein, steht als Resonanzgremium zur Verfügung und erarbeitet Empfehlungen. Sie ist damit eine wichtige Impulsgeberin für die inhaltliche Weiterentwicklung der Bildungslandschaft.

Servicestelle mit überregionalen Organisationsmöglichkeiten

Im Bewusstsein ihrer aktiven Rolle – bei der Einrichtung einer systematischen, langfristig angelegten Entwicklungsstruktur in den sieben Gebietskörperschaften wie auch beim Aufbau einer Bildungsregion – entschied die Bezirksregierung Detmold im Jahr 2007 die Einrichtung einer »Servicestelle

Bildungsregion OWL« als Teil ihrer Schulabteilung. Zu ihren Aufgaben gehören unter anderem:

- Beratung und Unterstützung für Regionen und die beteiligte Schulaufsicht
- Organisation des Austauschs zwischen den Bildungsregionen
- Wissenstransfer
- Akquise von Unterstützungsleistungen für Bildungsregionen in OWL

Zusammenarbeit der Bildungsregionen

Entscheidend für die Qualität der Kooperationen der Bildungsregionen OWLs untereinander war – neben dem kontinuierlichen inhaltlichen Austausch der zuständigen Mitarbeitenden – die Einführung einer regelmäßigen Arbeitssitzung der Leiterinnen und Leiter der Bildungsbüros, beides organisiert und moderiert von der »Servicestelle Bildungsregion OWL«. Ein Ergebnis dieser Zusammenarbeit war die Feststellung, dass alle Teams der Bildungsbüros in einem übergreifenden Handlungsfeld dringend mehr Kompetenzen benötigten: in der Qualitätsarbeit. Der Wunsch war, dass alle Mitarbeitenden und Leitungen der Bildungsbüros eine Qualifizierung durchlaufen sollten, die ein gemeinsames Verständnis von Begriffen sowie Prozess- und Methoden-Know-how vermitteln sollte (Schmidt und Höfer 2012) (vgl. Kapitel 2.3).

2.2 Kernaufgaben und Zielgruppen

Freiburg

Strukturentwicklung zum lebenslangen Lernen

LEIF versteht sich als Strukturprojekt, dessen primäre Zielgruppe die Steuerungsverantwortlichen und Leitungskräfte im Bildungsgeschehen sind. Diese gestalten den Rahmen für erfolgreiches Lernen. Zu ihnen gehören zum Beispiel Amtsleitungen, Schulaufsicht, Fachbereichsleitungen, Vertreterinnen und Vertreter der Kammern sowie Leitungen außerschulischer Bildungsstationen, die sogenannten Mittler (vgl. Abbildung 2). Im Einzelfall können auch Multiplikatorinnen und Multiplikatoren (z. B. pädagogische Fachkräfte und Lehrkräfte) sowie Nutzerinnen und Nutzer von Bildungsinstitutionen (z. B. Schüler/-innen, Eltern) in Projekte einbezogen werden. Auch dann steht aber der Strukturaufbau im Vordergrund, etwa bei der Einrichtung sogenannter Forschungsräume in Schulen. Darüber hinaus nimmt LEIF das Lernen im gesamten Lebenslauf in den Blick, wohingegen sich das Bildungsbüro Freiburg mit dem schulischen Lernen (und den Übergängen Kita – Schule und Schule – Hochschule bzw. Schule – Arbeitsleben) bzw. mit der schulischen Qualitätsentwicklung befasst. Zentrale Aktionsfelder von LEIF:

- Bildungsmanagement
- Bildungsmonitoring
- Bildungsberatung
- Übergangsmanagement

- Diversity/Integration
- Wirtschaft, Technik, Umwelt, Wissenschaft (WTUW)

Ostwestfalen-Lippe

Weiterentwicklung von Bildungsthemen

Die Schwerpunkte der Aktivitäten der Bildungsbüros in den sechs Kreisen und der kreisfreien Stadt in OWL liegen bei unterschiedlichen Bildungsthemen und gehen ebenfalls über den Fokus Schule hinaus. Die zentralen Handlungsfelder:

- qualitätsorientierte Schul- und Unterrichtsentwicklung
- regionales Übergangsmanagement
- Sprachkompetenzentwicklung und -förderung
- Förderung der MINT-Kompetenzen
- qualitative und quantitative Bildungsplanung
- frühkindliche Förderung
- Gewaltprävention
- lebensbegleitendes Lernen

Die Zielgruppen der Bildungsbüros sind sowohl Steuerungsverantwortliche und Leitungskräfte im Bildungsgeschehen als auch Multiplikatorinnen und Multiplikatoren sowie Nutzerinnen und Nutzer von Bildungsinstitutionen.

2.3 Verfahren der Qualitätsentwicklung

Freiburg

In Freiburg werden LvO-Mittel auch für Qualitätsentwicklung eingesetzt

LEIF beschäftigt eine Expertin zu den Themen Bildungsmonitoring und Qualitätsentwicklung. Ergänzend wird mit LvO-Mitteln externes Know-how eingeholt, unter anderem, um ein wirkungsfokussierendes Zielsystem zu entwickeln und ausgewählte Projekte empirisch zu untersuchen. Intern erfolgt ein Monitoring zentraler Indikatoren der Zielerreichung.

Die Sicht der Projektleitung der Initiative LEIF

Aus dem Strukturbildungsauftrag ergibt sich das zusätzliche Ziel, Steuerungsverantwortliche und Leitungskräfte im Bildungsgeschehen für eine nachhaltige Qualitätssicherung und für das Konzept einer wirkungsorientierten Steuerung zu werben. Die Ergebnisse der Qualitätsentwicklungsmaßnahmen dienen neben der Steuerung und Erfolgskontrolle innerhalb von LEIF auch als konkrete Praxisbeispiele, die in den

verschiedenen Gremien (Steuerkreis und Lenkungsgruppe) diskutiert und ausgewertet werden. Langfristig sollen die Akteure der Bildungslandschaft so vom Nutzen der wirkungsorientierten Steuerung überzeugt werden. Evaluationsverfahren und -techniken dienen hier als Instrumente der Qualitätssicherung.
Veronika Schönstein, Stadt Freiburg, Leiterin der Initiative LEIF

Ostwestfalen-Lippe

In OWL unterstützt die Bertelsmann Stiftung Qualifizierungen zur Qualitätsentwicklung

In OWL gehört der Kreis Lippe – wie die Stadt Freiburg – zu den 40 Städten bzw. Kreisen, die am Bundesprogramm Lernen vor Ort (LvO) beteiligt sind. In Lippe wird aus LvO-Mitteln eine Fachkraft im Aufgabenfeld Bildungsmonitoring beschäftigt, ein erster Bildungsbericht wurde im Frühjahr 2011 veröffentlicht. Die anderen sechs ostwestfälischen Bildungsregionen sind nicht an LvO beteiligt. Mithilfe externer Beratung in Form von Qualifizierungen und Workshops wurden in den Bildungsbüros interne Evaluationsverfahren implementiert. Sie stützen sich auf ein outcome- und impactfokussierendes Zielsystem (vgl. Kapitel 3.5) und auf Selbstevaluationen in den von den Bildungsbüros durchgeführten Projekten. Die Qualifizierung von Leitungskräften und Mitarbeitenden aller sieben Bildungsbüros wurde von der Bertelsmann Stiftung inhaltlich und finanziell unterstützt, das Regierungspräsidium Detmold stellte personelle Ressourcen und Räume zur Verfügung.

Die Sicht der Bildungsbüroleitung im Kreis Paderborn

»Wie erfahren die Steuerungsgremien und die Beteiligten in der Bildungsregion Kreis Paderborn, ob die Projektziele erreicht werden?« Diese zentrale Frage lag der Implementierung von Qualitätsentwicklungsmaßnahmen zugrunde.

Der Kreis Paderborn, die kreisangehörigen Kommunen, die Bezirksregierung Detmold als Schulaufsicht und das Ministerium für Schule und Weiterbildung NRW haben die Bildungsregion im Juli 2009 gegründet und dazu eine Kooperationsvereinbarung geschlossen. Die Bildungsregion kam als neue Institution zu weiteren Einrichtungen im Bildungsbereich hinzu und musste ihren Platz erst finden. Somit war es wichtig, dass den Kitas, den Schulen und der Politik relativ schnell deutlich wurde, welchen konkreten Nutzen sie durch diese neue Institution hatten.

Daher definierten die Steuerungsgremien der Bildungslandschaft innerhalb von vier Monaten Projekte, um die Ziele der Kooperation zu spezifizieren und umzusetzen. Um mit dem Leitungsteam konkrete Vereinbarungen für die Umsetzung tref-

fen zu können, hat die Geschäftsstelle der Bildungsregion, das Bildungsbüro, Projektskizzen mit möglichst klaren und »smarten« Zielen erstellt.
Diese Ziele waren und sind der Ausgangspunkt für die Evaluation der Projekte. Das Bildungsbüro Kreis Paderborn nutzte das Angebot der Bertelsmann Stiftung und der Bezirksregierung Detmold, alle Mitarbeitenden zur Methodik der Evaluation fortzubilden. Alle arbeiten nun nach einem gemeinsamen methodischen Grundgerüst, um Evaluationskonzepte zu erstellen. Darüber hinaus nimmt das Bildungsbüro punktuell professionelle Beratung in Anspruch und versucht damit auszugleichen, dass es selbst kein Evaluationsprofi ist.
Dr. Oliver Vorndran, Kreis Paderborn, Leiter des Bildungsbüros

3 Wirkungsorientierung in der Praxis

Das Anliegen dieses Leitfadens ist es, neben der Bildungsberichterstattung Evaluationsverfahren als zentralen Beitrag für die wirkungsorientierte Gestaltung von Bildungslandschaften zu empfehlen. Dieses Bestreben droht häufig bereits im Ansatz zu scheitern, wenn Skeptiker auf hohe Kosten von Evaluationen verweisen. In der Tat haben gute Evaluationen ihren Preis. Die hier geschilderten Prozesse in der Region Ostwestfalen-Lippe (OWL) und der Stadt Freiburg sind jedoch ausgezeichnete Beispiele dafür, dass die Implementierung von Qualitätsentwicklungsverfahren in Bildungslandschaften keine hohen Kosten verursachen muss, wenn die Leistungen aus einer Kombination interner und externer Verfahren erbracht werden. Dabei ist es wichtig, dass die Verantwortlichen von Bildungsbüros oder Bildungsinitiativen weitergebildet und über einen bestimmten – je nach Vorkenntnissen unterschiedlich langen – Zeitraum begleitet werden.

7 Schritte zur Wirkungsorientierung

Welche Art der Evaluation gewählt wird (extern/intern etc.), sollte durch den Zweck bzw. die Funktion bestimmt werden, die sie erfüllen soll. Bevor die Evaluationsart festgelegt werden kann, muss eine grundlegende Entscheidung getroffen werden: Soll das gesamte Programm evaluiert werden oder nur bestimmte Teile? Anschließend kann der für die Wirkungsorientierung wichtigste Schritt erfolgen: eine Zielklärung, die konsequent die angestrebten Outcomes (Veränderungen bei Zielgruppen) und Impacts (Veränderungen in sozialen Systemen) im Blick hat.

Die folgenden Unterkapitel zum Thema »Wirkungsorientierung« sind so aufgebaut, wie sie in der Praxis chronologisch erarbeitet werden sollten, und bilden die ersten fünf Schritte der Grafik »Synergien zwischen Steuerung und Evaluation von Bildungslandschaften« ab. Die Schritte »Praxis systematisch untersuchen« und »Ergebnisse nutzen« werden in den Kapiteln 4 und 5 behandelt.

3.1 Evaluationszweck und Nutzen für Beteiligte klären

Zwecke von Evaluation: eine erste Annäherung

In Bildungslandschaften gibt es eine Ausgangssituation, die hinsichtlich der Verwendung von Evaluationsergebnissen herausfordernd ist: Von Seiten der Mittelgeber und weiterer Akteure bestehen möglicherweise zu hohe Erwartungen an die Reichweite und Belastbarkeit von Ergebnissen. Bei Selbstevaluationen und internen Verfahren ist diese Gefahr besonders hoch. Es ist deshalb erforderlich, zu Beginn des Prozesses die Möglichkeiten und Grenzen der unterschiedlichen Verfahren zu klären und den Partnern und Entscheidungsträgern zu vermitteln. Evaluationsunerfahrene Personen widmen der Klärung des Zwecks oft zu wenig Aufmerksamkeit, deshalb wird hier vertiefend darauf eingegangen. Um sich die verschiedenen Zwecke von Evaluationen zu vergegenwärtigen, eignet sich in einem ersten Schritt das bereits in den 1970er Jahren von Scriven (1972) eingeführte Begriffspaar der *formativen* und *summativen* Evaluation:

- formative Evaluation (= formend/optimierend): stellt Ergebnisse zur Verfügung, durch die ein laufendes Programm verändert bzw. verbessert werden kann
- summative Evaluation (= bilanzierend beurteilen): stellt Ergebnisse zur Verfügung, um über die Beendigung oder Fortführung eines Programms entscheiden zu können

Das Begriffspaar hat Stärken und Schwächen. Die Stärken liegen darin, dass es eingängig das Spektrum verdeutlicht, aus welchen Gründen und mit welchen Absichten Evaluationen durchgeführt werden. Die Schwächen bestehen darin, dass diese Definition die falsche Schlussfolgerung nahelegt, ein formativer Zweck könne nur während der Laufzeit eines Projekts verfolgt werden und ein summativer Zweck nur am Ende eines Projekts. Es entsteht also der Eindruck eines dichotomen, gegenteiligen Begriffspaars – was in der Praxis nicht zutrifft.

Welcher Zweck – und welcher Nutzen für wen?

Es ist zwar richtig, dass die Faktoren »Nutzungsabsicht« und »Nutzungszeitpunkte« für die Planung und Durchführung der Leistungen (z. B. Berichte) und empirischen Erhebungen einer Evaluation grundlegend sind. Dennoch ist es möglich und auch üblich, sowohl formative als auch summative Zwecke innerhalb einer Evaluation zu verfolgen. Die Abgrenzung ist deshalb in der Praxis oft unscharf. Die Klärung des Zwecks ist dennoch grundlegende Voraussetzung für eine nutzbringende Evaluation. Der Zweck sollte möglichst konkret beschreiben, wofür die Ergebnisse verwendet werden sollen. Auf diese Weise kann jede Evaluationsleistung so geplant werden, dass sie zum richtigen Zeitpunkt einen konkreten Nutzen für die Praxis hat. Für die Planung von Vorhaben ist es daher erforderlich, die Nutzungsabsicht und die Nutzungszeitpunkte vorab festzulegen und ggf. mit den vorgesehenen Nutzerinnen und Nutzern abzustimmen.

Konkretisierung des Evaluationszwecks

In Anlehnung an Beywl et al. (2007) sollte in einem ersten Schritt eine Übersicht der potenziellen Nutzerinnen und Nutzer zusammengestellt werden. Um diese zu identifizieren, eignet sich der im Evaluationskontext häufig verwendete Begriff der Stakeholder. Stakeholder ist,

- wer über die Zukunft des Evaluationsgegenstands zu entscheiden hat (meist die finanzierende Instanz);
- wer verantwortlich ist für die Konzeption des Evaluationsgegenstands (Steuerungsverantwortliche);
- wer an der praktischen Umsetzung des Evaluationsgegenstands beteiligt ist (operative Mitarbeitende);
- wer durch den Evaluationsgegenstand direkt oder indirekt erreicht wird oder erreicht werden sollte (Zielgruppen, ggf. Interessenvertretungen);
- wer darüber hinaus an den Evaluationsergebnissen interessiert ist (z. B. Entscheidungsträger, die ähnliche Projekte planen).

Anschließend werden für die definierten Nutzer(-gruppen) die Nutzungsabsichten festgelegt. Auch dieser Schritt sollte bereits mit den wichtigsten Stakeholdern gemeinsam gegangen werden. Die Interessen, Erwartungen und Werthaltungen der Stakeholder sind für die Durchführung des Programms und für die Interpretation der Ergebnisse grundlegend. Es ist deshalb sinnvoll, die Interessen und Erwartungen im Dialog zu klären. Sie bewegen sich in der Regel in den folgenden Kategorien und können zur Systematisierung einem von vier Evaluationszwecken zugeordnet werden:

- Entscheidungen treffen, z. B. über die Fortsetzung oder Einstellung eines Programms (= Zweck: Entscheidungsfindung)
- Berichtspflichten wahrnehmen, in der Regel gegenüber dem Mittelgeber (= Zweck: Rechenschaftslegung)
- neues Fachwissen erhalten (= Zweck: Wissensmanagement); der einzige der vier Zwecke, bei dem die Evaluation nicht zwingend dem aktuellen Evaluationsgegenstand dient, sondern auch für zukünftige Konzeptentwicklungen verwendet werden kann, z. B. um erprobte Methoden für den Transfer aufzubereiten
- anfallende Aufgaben (besser) erledigen, z. B. die Lernfortschritte von Weiterbildungsteilnehmenden erhöhen, in Kooperationsprojekten die Schnittstellen mit Bildungspartnern verbessern (= Zweck: Optimierung/Verbesserung)

Konkretisierung des Zwecks für das Gesamtprogramm und für einzelne Projekte

Im folgenden Praxisbericht beschreibt die Projektkoordinatorin der Initiative LEIF einen konkretisierten Zweck, der mit den Qualitätsentwicklungsmaßnahmen in Freiburg verfolgt wird:

Klärung des Zwecks in der Initiative LEIF

Die Qualitätsentwicklungsmaßnahmen innerhalb der Initiative LEIF verfolgen den Zweck, die Umsetzung der Projekte im laufenden Prozess zu optimieren und die Zusammenarbeit mit kommunalen wie extra-kommunalen Partnern systematisch weiterzuentwickeln und zu vertiefen. Durch LEIF sollen neue Strukturen aufgebaut werden und die verschiedenen Akteure in einem partizipativen Prozess zusammenwirken.

Einen Prozess zu gestalten, in dem so viele unterschiedliche Akteure mitarbeiten, ist eine große Herausforderung. Die Zielerreichung in einzelnen Projekten wird deshalb überprüft, Ergebnisse werden den Partnern gespiegelt und gemeinsam interpretiert. Auf dieser Grundlage wird während des laufenden Projekts zeitnah nachgesteuert. Die operative Steuerung verläuft iterativ: Sie beinhaltet Lernprozesse, erzeugt die Motivation, immer besser zu werden, und führt zu einer Feinjustierung des Vorhabens; methodische Kenntnisse werden vertieft und die konkreten Projektplanungen können besser aus der Zukunft heraus gedacht werden (Zweck: Verbesserung).

Carolin Busch, Stadt Freiburg, Mitarbeiterin der Initiative LEIF (Bildungsmonitoring)

Die Tabellen 2 und 3 zeigen an Beispielen aus den Kreisen Paderborn und Herford, wie in Form einer tabellarischen Darstellung für einzelne Projekte die angestrebten Nutzergruppen der Evaluationsergebnisse identifiziert wurden, welche konkretisierte Absicht dahintersteht, welchem Evaluationszweck dies entspricht und durch welche Berichtsformate der angestrebte Nutzen zu welchem Zeitpunkt erreicht werden soll.

Tabelle 2: Klärung des Zwecks – Beispiel aus dem Projekt »Praktikumsbörse« im Kreis Paderborn

Nutzende	Nutzungsabsicht	Evaluationszweck	Nutzungszeitpunkt	Leistungen, Produkte
Bildungsbüro	Information, wie intensiv die Praktikumsbörse von den Zielgruppen genutzt wird	Wissensmanagement	September 2011	max. 3-seitiger Kurzbericht Powerpoint-Präsentation
Technologie- und Berufsbildungszentrum gGmbH	Information der Gesellschafter Weiterentwicklung des Beratungsangebots	Rechenschaftslegung Verbesserung	September 2011	Powerpoint-Präsentation
Schulausschuss	Entscheidung über die Finanzierung des Angebots	Entscheidungsfindung	November 2011, Haushaltsberatung	max. 3-seitiger Kurzbericht Powerpoint-Präsentation
Leitungsteam, Lenkungskreis	Entscheidung über die Weiterführung des Angebots	Entscheidungsfindung	Oktober 2011	max. 3-seitiger Kurzbericht Powerpoint-Präsentation
Schulen	Kommunikation über die Praktikumsbörse	Rechenschaftslegung	Januar 2012	Powerpoint-Präsentation (Auszug)

erstellt von Dr. Oliver Vorndran, Kreis Paderborn, Leiter des Bildungsbüros

Tabelle 3: Klärung des Zwecks – Beispiel aus dem Projekt »Basisqualifizierung für Lehrkräfte und pädagogische Fachkräfte mit Arbeitsschwerpunkten in der Berufsvorbereitung« im Kreis Herford

Nutzende	Nutzungsabsicht	Evaluationszweck	Nutzungszeitpunkte	Leistungen, Produkte
Steuergruppe (Vertretungen der Berufskollegs und des Kreises)	Information der Steuerungsgruppe	Rechenschaftslegung	regelmäßige Sitzungen der Steuergruppe	Powerpoint-Präsentation jährlicher ca. 10-seitiger Bericht
Schulentwicklungsgruppe	Weiterentwicklung der Gesamtstrategie	Entscheidungsfindung	jährliche Sitzung	Powerpoint-Präsentation
Wissenschaftliche Begleitung/Beratung des Projekts	Diskussion von Weiterentwicklungsansätzen und Weiterentwicklung der Gesamtstrategie	Verbesserung, Wissensmanagement	jährliches Beratungsgespräch	Powerpoint-Präsentation jährlicher ca. 10-seitiger Bericht

erstellt von Martina Soddemann, Kreis Herford, Leiterin des Amtes für Schule, Kultur und Sport

Im Anhang 2 (S. 111) finden Sie Arbeitsmaterialien, um den Zweck und Nutzen einer Evaluation festzulegen.

Entwicklungsstand der Bildungsberichterstattung beachten

Evaluationen können diverse Funktionen erfüllen, die an die konzeptionelle Reife und an den Umsetzungsstand eines Programms gekoppelt sind. In Bildungslandschaften kann auch die Funktion konkretisiert werden, die durch die Implementierung von Evaluationsverfahren erfüllt werden soll, soweit sich dies nicht bereits aus der Klärung des Zwecks logisch ergibt. Dabei sollte der Entwicklungsstand der Bildungsberichterstattung berücksichtigt werden, um Synergien zwischen beiden Verfahren herstellen zu können (vgl. Kapitel 1.2).

Funktionen von Evaluation

In Anlehnung an die fünf Evaluationsfunktionen (Owen und Rogers 1999), die auf einer Zeitschiene der »Reife« eines Programms verortet werden können, wird in Tabelle 4 konkretisiert, welche Funktionen Evaluation und Bildungsbericht erfüllen und wie sie sich gegenseitig ergänzen können. Die Reife eines Programms ist dabei umso höher, je länger und systematischer es bereits erprobt wurde und sich bewährt hat.

Deutlich wird, dass interne Evaluationsverfahren (auch Selbstevaluationen) die Leitungen und Mitarbeitenden dabei unterstützen können, für Stakeholder Transparenz über das Programm der Bildungslandschaft und über einzelne Projekte herzustellen sowie mit Stakeholdern darüber in einen Austausch zu treten (klärende Funktion). Außerdem können damit parallel zur Umsetzung der Projekte Optimierungsansätze identifiziert (interaktive Funktion) und Leistungen dokumentiert werden (dokumentierende Funktion). Für eine fundierte Erhebung der Bedarfe (proaktive Funktion) und eine umfangreiche Wirkungsanalyse (wirkungsfeststellende Funktion) werden hingegen Ergebnisse aus der Bildungsberichterstattung oder aus extern beauftragten Evaluationen benötigt.

Tabelle 4: Funktionen von Evaluation und Bildungsberichterstattung

	Funktionen von Evaluation und Bildungsberichterstattung	geeignete Quelle/geeignete Instrumente
Programmreife ↓	*proaktiv* unterstützen: Bedarfe zu Beginn der Planungsphase eines Programms untersuchen	Ergebnisse aus der Bildungsberichterstattung
	klären (initiieren/steuern): Planung und adressatengerechte Kommunikation des Konzepts und der Ziele eines Programms	wirkungsorientierte Steuerungsinstrumente, z. B. Programmbaum (Beywl und Niestroj 2009), mehrstufige Zielsysteme, Ergebnisse aus internen Evaluationen und Selbstevaluationen
	interaktiv unterstützen: parallel zur Umsetzung Informationen zur Optimierung bereitstellen	Ergebnisse aus internen Evaluationen und Selbstevaluationen
	dokumentieren: Leistungen des Bildungsbüros transparent machen	Erfassung von zählbaren Leistungen: kann in interne Evaluationen und Selbstevaluationen integriert werden (oder Controllingverfahren)
	Wirkung feststellen: erprobte Konzepte auf ihre Wirkungen untersuchen	a) Ergebnisse der Bildungsberichterstattung, die Aussagen zu Wirkungen in einer Region treffen b) umfangreiche Fremdevaluation, z. B. mit verschiedenen Messzeitpunkten

3.2 Gegenstand eingrenzen

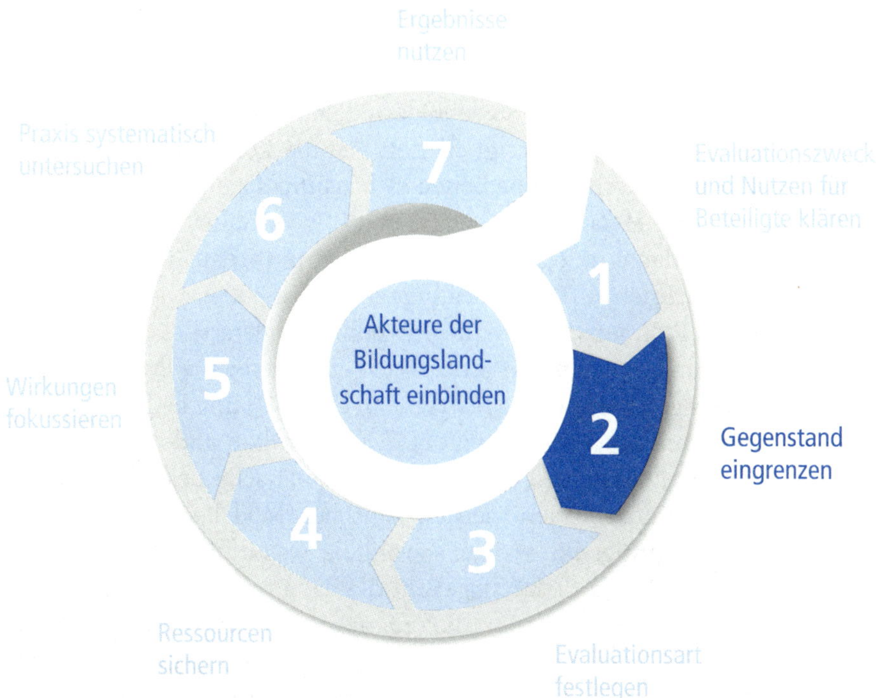

Als »Gegenstand« wird das bezeichnet, was in der Evaluation beschrieben und bewertet wird. Das kann das gesamte Leistungsspektrum eines Bildungsbüros, einzelne Projekte oder auch nur Ausschnitte aus einzelnen Projekten umfassen, beispielsweise eine Fortbildung für Erzieherinnen zur Sprachentwicklung bei Kindern.

Selbstevaluation: die wichtigsten Ausschnitte der eigenen Arbeit

Insbesondere bei Selbstevaluationen und internen Verfahren, die im Rahmen der zeitlichen Ressourcen von (ggf. noch evaluationsunerfahrenen) Mitarbeitenden durchgeführt werden, sollte der Gegenstand stark eingegrenzt werden. Die Erfahrung zeigt, dass sich im Verlauf einer Evaluation immer wieder neue und interessante Fragen aufdrängen oder Wünsche von Stakeholdern eingebracht werden. Neben der Festlegung des Zwecks sind die Eingrenzung des Gegenstands (und die Festlegung der Fragestellung, vgl. Kapitel 4.1) die zentralen Stellschrauben, um das eigene (Forschungs-)Interesse und das der Stakeholder auf das Maß zu begrenzen, das mit den zur Verfügung stehenden Ressourcen leistbar ist. Jeder Schritt der Evaluation sollte

- dem festgelegten Zweck und
- ihrem abgegrenzten Gegenstand zuzuordnen sein.

Natürlich können Zweck und Gegenstand im Verlauf der Evaluation auch nochmals überarbeitet und erweitert werden. Aufgrund der sehr dynamischen Prozesse im Bildungs- und Sozialwesen kommt dies sogar häufig vor. Man muss dabei allerdings stets vorausdenken, welche zusätzlichen Schritte dies nach sich zieht. Wird der Gegenstand erweitert, hat dies meist ergänzende Fragestellungen und zusätzliche Erhebungen zur Folge, die umgesetzt und ausgewertet werden müssen. Damit entstehen umfangreichere Ergebnisse, die interpretiert und mit Stakeholdern diskutiert werden müssen.

»Logische Modelle« für die Evaluation komplexer Programme

Im Laufe einer Evaluation zeigt sich oft erst die Komplexität des Gegenstands. Aufwendige Vorhaben bedienen sich häufig sogenannter »logischer Modelle«, um diese Herausforderung zu bewältigen. Dabei werden die relevanten Elemente der Wirklogik identifiziert und in ihrem Zusammenhang systematisch beschrieben (Deutsches Jugendinstitut 2006). Dieser Themenkomplex soll im Rahmen dieses einführenden Leitfadens nicht vertieft werden, da die Anwendung logischer Modelle für eng umrissene Evaluationsvorhaben nicht zwingend erforderlich ist, zudem etwas Übung bedarf bzw. sich ohne Erfahrung zeitaufwendig gestaltet (Wyatt Knowlton und Phillips 2009).

(Rahmen-)Bedingungen systematisch beschreiben

In jedem Fall anzuraten ist jedoch eine systematische Beschreibung der Bedingungen (die auch in den meisten logischen Modellen berücksichtigt werden). Die Bedingungen umfassen sowohl die Systemumwelt als auch die Problemstellung bzw. die Bedarfslage, auf die das Projekt reagiert, die Ressourcen, die investiert werden, und die organisationale Struktur des Trägers bzw. Netzwerks des Projekts. Ein für die Bildungspraxis bewährtes logisches Modell ist der »Programmbaum« des Evaluationsinstituts Univation (Beywl und Niestroj 2009), der die Bedingungen vier Kategorien zuordnet:

- *Kontext:* Systemumwelt auf lokaler bis internationaler Ebene; rechtliche, politische, soziale, geographische, kulturelle Aspekte, die sich langfristig und unabhängig vom Projekt selbst ändern
  Beispiele: ländliche Region, Anteil an Hauptschülern in bestimmten Sozialräumen
- *Incomes:* Voraussetzungen, mit denen die Zielgruppen in das Projekt kommen: Wissen, Einstellungen, Verhaltensweisen, Bedürfnisse, Werte
  Beispiele: geringes Wissen der Eltern mit Migrationshintergrund über das deutsche Bildungssystem, niedrige Schulabschlüsse
- *Inputs:* finanzielle, personelle oder andere Ressourcen, die investiert werden, teils als monetäre Kosten erfassbar
  Beispiele: Anzahl, Qualifikation, Motivation, Werte, zeitliche Ressourcen der Bildungsbüromitarbeitenden
- *Struktur:* Aufbau und Ablaufstruktur der das Projekt tragenden Organisation, des Verbundes/Netzwerks
  Beispiele: Kitas, Schulen, Firmen, Bildungsbüro, kommunale Netzwerke

Im Anhang 3 (S. 114) finden Sie Arbeitsmaterialien, um die Bedingungen des zu evaluierenden Gegenstands/Programms zu klären.

Nutzen der Beschreibung von Bedingungen

Die Beschreibung der Bedingungen hilft dabei,
- bislang vernachlässigte Wirkfaktoren des Programms zu identifizieren,
- die Bedarfe und Potenziale der Zielgruppen systematisch zu erfassen und ggf. ergänzende Unterstützungsangebote zu entwickeln bzw. transparent zu machen, dass ergänzende Angebote notwendig sind, um Handlungsbedarfe zu reduzieren,
- das Verhältnis von eingesetzten Ressourcen und erwarteten Wirkungen zu relativieren bzw. eine (grobe) Kosten-Nutzen-Relation vorzubereiten,
- die Ressourcen, Werthaltungen und Befindlichkeiten der eigenen Trägerorganisation sowie die von Kooperationspartnern transparent zu machen und im Programm- und Evaluationsverlauf zu berücksichtigen.

Schließlich können aus der Beschreibung der Bedingungen häufig bereits erste Fragestellungen abgeleitet werden (vgl. Kapitel 4.1).

3.3 Evaluationsart festlegen

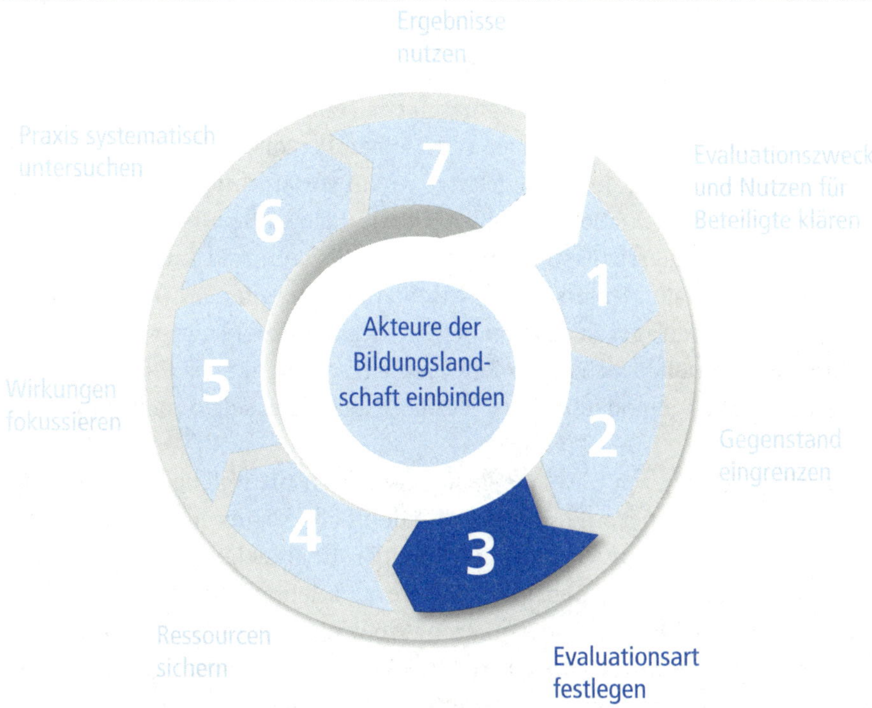

Evaluationen lassen sich danach differenzieren, wer sie durchführt

Es gibt verschiedene Arten, wie Evaluationen angelegt und durchgeführt werden können. Vier Evaluationsarten lassen sich danach unterscheiden, wer die Evaluation hauptverantwortlich durchführt (Beywl, Bestvater und Friedrich 2011):

- Bei *Fremdevaluationen* führen Experten und Expertinnen die Evaluation durch, die nicht der Trägerorganisation des evaluierten Projekts oder Programms angehören, sondern z. B. aus einem privatwirtschaftlichen Institut oder einer Hochschule kommen. Im Vordergrund steht meist eine fundierte Evaluationskompetenz; ein Mindestmaß an Fach- und Feldkompetenz zum Gegenstand muss selbstverständlich immer gewährleistet sein. Über den Auftrag hinaus sind externe Evaluatoren und Evaluatorinnen nicht von dem Gegenstand betroffen oder an dessen Durchführung beteiligt.
- Bei *Peer-Evaluationen* evaluieren ebenfalls organisationsexterne Personen; es sind jedoch in der Regel unabhängige Personen, die aus dem Fachgebiet des Evaluationsgegenstands stammen und entsprechende Zusatzqualifikationen erworben haben, z. B. Lehrkräfte im Rahmen von Schulevaluationen. Im Vordergrund steht hier meist die Feld- und Fachkompetenz.
- Bei *internen Evaluationen* werden die Untersuchungen von Mitgliedern aus der Einrichtung bzw. Trägerorganisation des Gegenstands durchgeführt, die nicht unbedingt derselben Fachdisziplin angehören. Umfangreiche interne Evaluationen gibt es vor allem in großen Organisationen, z. B. Universitäten, die dafür eigene Expertinnen und Experten beschäftigen. Einfache Elemente interner Evaluationen finden sich auch in kleineren Organisationen, z. B. Jugendbildungsstätten, die bei Veranstaltungen standardisierte Feedbackbefragungen der Teilnehmenden einsetzen.
- Bei der *Selbstevaluation* evaluieren dieselben Personen, die auch die operative Durchführung des Gegenstands verantworten. Im Schulkontext wird z. B. von Selbstevaluation gesprochen, wenn Lehrkräfte in einer Doppelrolle die eigenen Unterrichtsstunden planen, realisieren und untersuchen. Ein weiterer zentraler Unterschied zwischen Selbstevaluation und einfachen Formen der internen Evaluation liegt im Standardisierungsgrad. Selbstevaluationen beziehen sich in der Regel auf ein sehr konkretes Erkenntnisinteresse der Evaluierenden, sodass Standardisierungen selten möglich sind.

Welche Evaluationsarten für welche Zwecke?

In Tabelle 5 wird gezeigt, welche Evaluationsarten für welche Zwecke geeignet bzw. nicht geeignet sind. Daraus wird deutlich, dass es einen Zusammenhang zwischen den zur Verfügung stehenden finanziellen Mitteln und den damit verfolgbaren Zwecken gibt. Selbstevaluationen, die durch Mitarbeitende eines Projekts in ihrer regulären Arbeitszeit erbracht werden, sollten sich vor allem darauf beschränken, Projektumsetzung und -ergebnisse zu optimieren, da externe Stellen oft die Glaubwürdigkeit besonders von guten Ergebnissen anzweifeln. Peer- und interne Evaluationen werden häufig von feldspezifischen Fachleuten durchgeführt und haben dann Vorteile, wenn Wissen generiert wird, das organisationsintern auch für weitere Vorhaben genutzt werden soll. Wenn auf der Grundlage von Evaluationsergebnissen Rechenschaft gegenüber Mittelgebern abgelegt werden soll und Entscheidungen über die Bewilligung weiterer Mittel daran geknüpft werden, ist vor allem die Unabhängigkeit der Evaluatorinnen und Evaluatoren entscheidend – und meist nur durch externe Fremdevaluation gewährleistet. Dies sollte verantwortliche Personen jedoch nicht entmutigen, die die Evaluation in Bildungslandschaften einführen und nur geringe Mittel zur Verfügung haben.

Der Aufbau von interner Evaluationskompetenz hat viele Vorteile

Erste Schritte, Kompetenzen zur Selbstevaluation von Mitarbeitenden zu entwickeln, lohnen sich in jedem Fall. Auch interne Evaluationen und/oder Fremdevaluationen lassen sich besser auf den angestrebten Nutzen hin ausrichten, wenn bereits Erfahrungen vorliegen. Datenerhebungen lassen sich wirtschaftlicher umsetzen, wenn interne Mitarbeitende Aufgaben übernehmen können. Die Erfahrung zeigt außerdem, dass der Zweck der »Verbesserung/Optimierung« in der Praxis am häufigsten verfolgt wird und auch realisiert werden kann. Der amerikanische Evaluationsexperte Daniel Stufflebeam bringt dies auf den Punkt, indem er nicht das Überprüfen bzw. Belegen als wichtigstes Anliegen der Evaluation bezeichnet, sondern das Verbessern: »Evaluation's most important purpose is not to prove, but to improve« (Stufflebeam 2003).

Tabelle 5: Zwecke und Arten von Evaluation

Zweck der Evaluation	Geeignete Evaluationsart
Entscheidungsfindung	Wenn auf Grundlage von Evaluationsergebnissen über richtungsweisende Fragen eines Gegenstandes entschieden werden soll, z. B. über die Einstellung oder Fortsetzung eines Sprachförderprojekts, sind fundamentale Interessen der verantwortlichen und durchführenden Personen betroffen. Es liegt auf der Hand, dass hierfür externe und unabhängige Evaluationen (in der Regel *Fremdevaluationen*) erforderlich sind. Interne oder Selbstevaluationen sind hier nur begrenzt glaubwürdig. Peer-Evaluationen kommen lediglich in Betracht, wenn die Unabhängigkeit gewährleistet ist und im Berufsalltag keine direkten Kontakte zwischen Evaluierenden und Evaluierten bestehen.
Rechenschaftslegung	Wenn Evaluationsergebnisse dazu genutzt werden, gegenüber Stakeholdern (meist den Mittelgebenden) die Effektivität und Effizienz des Gegenstandes darzulegen, sollten aufseiten der Evaluierenden sowohl Unabhängigkeit als auch Fach- und Feldkompetenz vorhanden sein. Bei entsprechenden Vorerfahrungen kommt dafür ebenfalls die *Fremdevaluation* infrage. Eine *Peer-Evaluation* kommt in Betracht, wenn die institutionelle Einbettung die Unabhängigkeit gewährleistet. Interne oder Selbstevaluationen können ergänzende Informationen bereitstellen.
Wissensgenerierung	Wenn Evaluationsergebnisse Fachwissen generieren sollen, ob für laufende oder zukünftige Vorhaben, werden große Fach- und Feldkompetenz sowie möglichst viel Erfahrung benötigt. Hier ist meist eine *Peer-Evaluation* zu bevorzugen. Wenn Verantwortliche *interner Evaluations*stellen oder einer Fremdevaluation eine entsprechende Expertise vorweisen, kann auch dies eine Option sein. Selbstevaluationen zur Wissensgenerierung sind die Ausnahme, da neues Fachwissen in der Regel nicht unmittelbar in praxisrelevante Konzepte einfließt.
Optimierung Verbesserung	Wenn in einem laufenden Projekt anfallende Aufgaben besser erledigt werden sollen, bietet sich die *Selbstevaluation* an. Sie kann auf ganz bestimmte, auch sehr kleinteilige Gegenstände fokussiert werden und so ganz konkrete Hinweise liefern, das eigene Handeln zu reflektieren und ggf. anzupassen. Ergänzend können standardisierte Verfahren (im Rahmen einfacher Formen interner Evaluation) eingesetzt werden. Wenn umfangreiche Projekte evaluiert werden sollen, bieten sich *interne Evaluationen* oder *Fremdevaluationen* an, da sonst die zeitlichen Ressourcen der operativ Durchführenden zu stark beansprucht werden.

Kombination von Selbst- und Fremdevaluation

In den Bildungslandschaften Freiburg und OWL wurden unterschiedliche Verfahren implementiert (vgl. Kapitel 2.3). Aufbauend auf ein outcome- und impactfokussierendes Zielsystem (vgl. Kapitel 3.5), werden in Freiburg einzelne Projekte extern evaluiert, bei denen es für den Gesamtprozess besonders wichtig ist, fundiertes Steuerungswissen zu erhalten. In den weiteren Projekten wird ein intern verantwortetes indikatorengestütztes Monitoring durchgeführt. In den Bildungsregionen in OWL wurden im Anschluss an Qualifizierungen der Leitungen und Mitarbeitenden ebenfalls outcome- und impactfokussierende Zielsysteme entwickelt. In den einzelnen Projekten führen verantwortliche Mitarbeitende Selbstevaluationen durch, die im Wesentlichen untersuchen, inwieweit die projektspezifischen Detailziele erreicht werden.

Die Sicht der Projektleitung der Initiative LEIF

Die Verbindung von externem und internem Know-how zur Qualitätsentwicklung hat sich in Freiburg als sehr zielführend und effizient erwiesen. Die externe Beratung bietet neben der fachlichen Expertise einen Außenblick auf das Geschehen, schützt vor blinden Flecken und ermöglicht durch ihren Abstand zu den Aktivitäten vor Ort eine größere Objektivität. Sie unterstützt realistische Zielformulierungen und die Wahl geeigneter Indikatoren. Die Feldkompetenz und Expertise vor Ort wiederum war hilfreich, um die Instrumente den spezifischen Gegebenheiten anzupassen: Vor Ort sind die Wege kurz, die Bedürfnisse der jeweiligen Partner und die Abläufe innerhalb der beteiligten Institutionen bekannt. Dieser Austausch hat beiden Seiten geholfen, mit der Komplexität des Projektes umzugehen.
Veronika Schönstein, Stadt Freiburg, Leiterin der Initiative LEIF

Die Sicht der Servicestelle OWL

Alle Beteiligten waren sich einig, dass allein eine grundlegende Qualifizierung nicht ausreicht, um die Kompetenzen der Bildungsbüromitarbeitenden und -leitungen nachhaltig zu entwickeln. Sie ist allerdings zwingende Voraussetzung dafür, dass sich die eigene Evaluationspraxis der »Lernenden« schrittweise entwickeln und professionellen Ansprüchen nähern kann. Um Fehler möglichst zu vermeiden, aber auch, um aus Fehlern lernen zu können, ist es notwendig, im Anschluss an die erste Qualifizierung auch Beratung und Begleitung für erste Praxiserfahrungen in Anspruch nehmen zu können. Dabei sind ganz konkrete Fragen zu klären, beispielsweise, wie bei einem Projekt die Stichprobe für eine Befragung gezogen werden kann.
Christoph Höfer, Schulaufsicht für die Hauptschulen im Regierungsbezirk Detmold

3.4 Ressourcen sichern

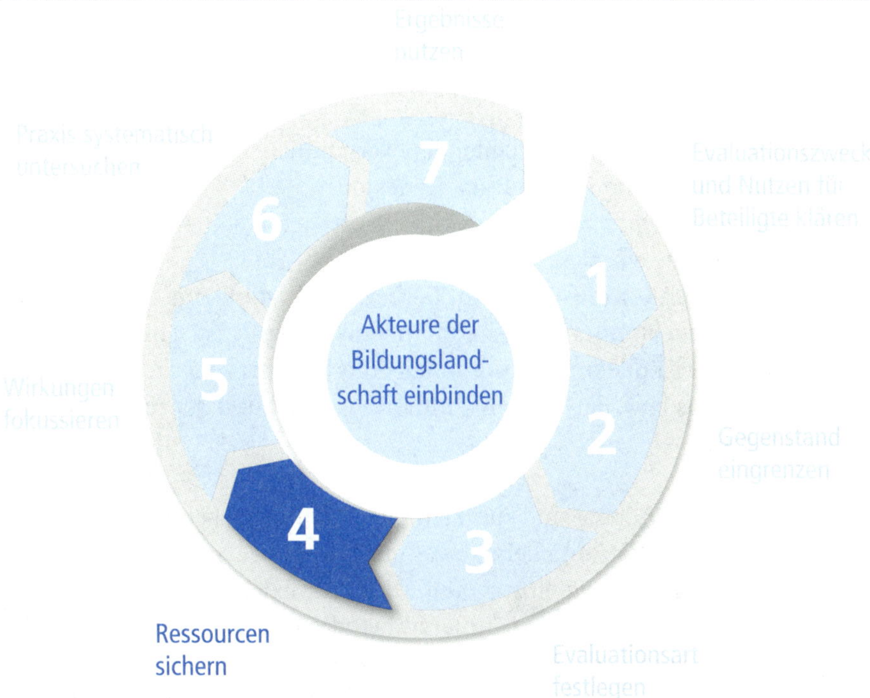

Qualitätsbewusstsein und Kompetenzen der Mitarbeitenden entwickeln

Der Einsatz von Ressourcen für die Implementierung von Qualitätsentwicklungsverfahren bzw. für Evaluationsberatung sollte in einem angemessenen Verhältnis zum erzielten Nutzen stehen. Zwischen Programm- und Evaluationskosten gibt es keine feste Relation, sie variiert beispielsweise mit dem Innovationsgrad und der Dauer eines Programms (Gesellschaft für Evaluation 2007). Die benötigte Zeit für Selbstevaluationen wird in der Fachliteratur meist mit fünf Prozent der gesamten Arbeitszeit veranschlagt (König 2007). Dieser Wert kann über- wie auch unterschritten werden. Das ist abhängig von der Erfahrung der Evaluierenden, der Komplexität des Programms und der Intensität der Abstimmungsprozesse mit Stakeholdern.

Hohe Anforderungen an Leitungen

Die Erfahrungen in Freiburg und OWL haben gezeigt, dass für den Aufbau und die Entwicklung einer Evaluationskultur in einem Bildungsbüro bzw. einer Bildungsinitiative das Bewusstsein und Handeln der Leitung entscheidend sind (Schmidt und Höfer 2012). Die Leitung muss

- das Qualitätsbewusstsein und -denken bei Mitarbeitenden wecken und fördern und selbst Vorbild bzw. Modell sein;
- eine Strategie zur Qualitätsarbeit im eigenen Verantwortungsbereich entwickeln und transparent machen, Grenzen der eigenen Möglichkeiten, der Mitarbeitenden und der Einrichtung kennen;

- die Evaluationskompetenz aller Mitarbeitenden auf bestimmte Standards hin entwickeln, wie z. B. Begriffe, Verständnis, Wissen über Prozesse, Methoden und Verfahren;
- bei Bedarf Qualifizierung, Beratung und Begleitung zur Förderung und Entwicklung der Evaluationskompetenzen und ihrer Anwendung organisieren und sicherstellen;
- Qualitätshandeln der Mitarbeitenden verbindlich einfordern, z. B. über Vereinbarungen und regelmäßige Reflexion;
- für Evaluationsvorhaben notwendige Ressourcen wie Arbeitszeit, Software, Know-how etc. sicherstellen;
- den kollegialen Konsens im Team herbeiführen, dass eine systematische Qualitätsentwicklung anfangs zwar herausfordernd ist, langfristig aber die Arbeit aller Kolleginnen und Kollegen erleichtert und die Position des Bildungsbüros bzw. der Bildungsinitiative im Verbund der regionalen Akteure festigt.

Unterstützung durch überregional tätige Organisationen einholen

In den meisten Regionen sind die kleinen Organisationseinheiten wie Bildungsbüros und -initiativen allein kaum in der Lage, entsprechende Qualifizierung, Beratung und Begleitung oder Mittel für externe Evaluationsvorhaben sicherzustellen. Daher sind unterstützend Institutionen gefordert, die überregional planen und organisieren können. Das kann die kommunale Verwaltung vor Ort sein oder – wie in NRW – Bezirksregierungen mit ihren Koordinatorinnen und Koordinatoren für die Bildungsnetzwerke, das Landesministerium für Schule und Weiterbildung, Hochschulen oder Fach- und Fortbildungsinstitute. Eine intensive Kooperation mit Stiftungen, wie sie in OWL gegeben war, oder eine Förderung aus Bundesprogrammen, wie in Freiburg, erleichtern den Prozess erheblich. Denkbar sind auch Eigeninitiativen benachbarter Bildungsbüros im Verbund.

3.5 Wirkungen fokussieren

Grundlage für Aushandlungsprozesse mit Politik und Bildungsakteuren

Im Bildungsbereich existieren zwei grundlegende Bedingungen, die Evaluation herausfordernd machen: Neben der Koproduktion (die Personen, die Bildungsangebote in Anspruch nehmen, leisten einen entscheidenden Beitrag zur Zielerreichung) ist hier die Wertebestimmtheit zu beachten, da unterschiedliche Akteursgruppen oft unterschiedliche Werte in Kooperationen einbringen. Was genau als positive und negative Wirkung gilt, entscheiden Menschen vor dem Hintergrund ihrer Werte. Auch Wirkungen werden häufig unterschiedlich interpretiert.

Um die intendierten Wirkungen transparent darzulegen und als Grundlage einer wirkungsorientierten Gestaltung dient in den Bildungslandschaften in OWL und Freiburg ein mehrstufiges Zielsystem als zentrales Steuerungsinstrument. Es legt dar, welche bildungsbezogenen leitenden

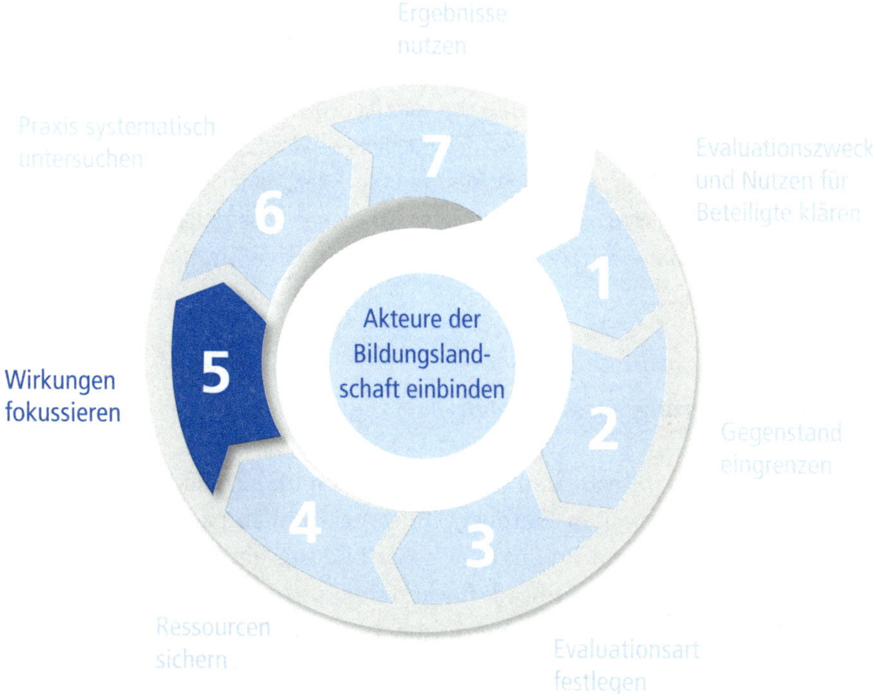

Das Zielsystem als Steuerungsinstrument

Zielsetzungen verfolgt werden und mit welchen Projekten sie erreicht werden sollen. Aufbauend auf das Zielsystem, werden (extern oder intern verantwortete) Evaluationen der einzelnen Projekte durchgeführt, die beispielsweise die Zielerreichung und förderliche bzw. hemmende Faktoren untersuchen. Das Potenzial dieses Verfahrens besteht darin,

- Kommunikations- und Aushandlungsprozesse mit Steuerungsverantwortlichen aus Politik und Verwaltung zu unterstützen,
- die Steuerung und Maßnahmenplanung des Bildungsbüros bzw. der Bildungsinitiative zu systematisieren,
- Aushandlungsprozesse mit (Praxis-)Kooperationspartnern sachlich zu fundieren, Lernprozesse zu initiieren und damit die Fachpraxis zu entwickeln,
- die Akzeptanz von Entscheidungen durch ein transparentes Vorgehen und durch gemeinsam entwickelte Ziele und Bewertungskriterien zu erhöhen.

Die Sicht der Bildungsbüroleitung im Kreis Herford

Ziele, die Wirkungen fokussieren, sind inspirierend und geben – auch in einer Bildungsregion – inneren Zusammenhalt. Sie schaffen die Grundlage, um Ressourcen effizient, nachhaltig und zum Nutzen der Menschen im Kreis Herford einzusetzen. Gemeinsame Ziele sind im Sinne einer gemeinsamen Orientierung und Grundaus-

richtung eine Voraussetzung, um Kooperationen zielgerichtet anzustoßen, weiterzuentwickeln und systematisch zu verankern. Sie befördern den Austausch, und über die Zuordnung von einzelnen – von verschiedenen Akteuren durchgeführten – Vorhaben wird deutlich, wo es welchen Handlungs- oder auch Koordinierungsbedarf in der Region gibt. Damit schaffen sie nicht zuletzt eine Basis für die Übernahme der koordinierenden und moderierenden Aufgaben des Bildungsbüros.
Martina Soddemann, Kreis Herford, Leiterin des Amtes für Schule, Kultur und Sport

3.5.1 Differenzierung von Resultaten

Wirkungen: Veränderungen bei Personen (Outcomes) und in Strukturen (Impacts)

Bei den intendierten Resultaten von Programmen und Projekten kann unterschieden werden zwischen Outputs, Outcomes und Impacts. Outputs sind zählbare Leistungen und Produkte, wie Fortbildungseinheiten oder verteilte Broschüren. Outputs (und die dafür durchgeführten Aktivitäten von Bildungsbüromitarbeitenden) sind somit (noch) keine Wirkungen. Sie können als Mittel zum Zweck bezeichnet werden, Outcomes und Impacts zu erreichen, die wiederum als Wirkungen bezeichnet werden können. Outcomes sind erwünschte Stabilisierungen oder Veränderungen im Wissen, Verhalten oder in den Einstellungen von Zielgruppenmitgliedern. Impacts bezeichnen erwünschte Veränderungen in sozialen Systemen (z. B. in Schulen, einem Stadtviertel, einer Stadt).

Darüber hinaus können in den Programmen einer Bildungslandschaft selbstverständlich auch nicht intendierte Resultate entstehen. Um sie in Evaluationen erfassen zu können, eignet sich der Ansatz der »goal free evaluation«, also der zielfreien Evaluation (Scriven 1991). Er hat den Vorteil, dass auch negative Folgen nicht übersehen werden, erfordert neben weitreichenden empirischen Kompetenzen jedoch meist auch einen hohen Ressourceneinsatz. Außerdem entstehen im Prozess weniger Synergien zwischen Steuerung und Evaluation, sodass er für interne Qualitätsentwicklungsmaßnahmen weniger geeignet ist. In diesem Leitfaden wird daher nicht näher auf diesen Ansatz eingegangen.

Beispiel für eine Wirkungstreppe

Es ist ein häufiges Missverständnis, dass es ausreiche, in Zielen die Outputs eines Projekts zu benennen. Dies reicht aber nicht aus, wenn man angestrebte Wirkungen verdeutlichen möchte. Dafür sind Outcomes und Impacts erforderlich. Dies soll anhand eines Beispiels verdeutlicht werden: In einem Stadtteil (hier »Sozialraum X« genannt) kommt es häufig zu gewaltsamen Konflikten zwischen Jugendlichen und Kindern. Um die Lage langfristig zu beruhigen, sollen neben Interventionen und Maßnahmen für Jugendliche (z. B. theater- und erlebnispädagogische Projekte, Strafen wie Sozialstunden und Jugendarrest) und an Eltern adressierte Maßnahmen (z. B. Informationsveranstaltungen, Trainings) auch präventive Maßnahmen in Kitas und Grundschulen durchgeführt werden. Das nachstehende Beispiel beschreibt die Resultatstreppe aus Abbildung 3 anhand des (idealtypischen) Beispiels »Konfliktlösungskompetenz für Kinder«:

- Output I: Eine Fortbildungsreihe »Konfliktlösungskompetenz von Kindern steigern« für Erzieherinnen, Erzieher und Grundschullehrkräfte wird im Sozialraum X durchgeführt.
- Output II: Alle Erzieherinnen und Erzieher der Kita und alle Lehrkräfte der Grundschule des Sozialraums nehmen an der Fortbildung teil.
- Output III: Erzieherinnen, Erzieher und Lehrkräfte arbeiten in der Fortbildung engagiert mit und nehmen sich vor, das erworbene Wissen und die erlernten Methoden in ihrem beruflichen Alltag anzuwenden.
- Outcome I: Erzieherinnen, Erzieher und Lehrkräfte kennen theoretische Grundlagen zur Konfliktprävention und sind in der Lage, die Methoden eigenverantwortlich in ihrem Alltag umzusetzen. Sie sind davon überzeugt, dass sie damit etwas bewirken (also zur Deeskalation im Sozialraum beitragen) können.
- Outcome II: Erzieherinnen, Erzieher und Lehrkräfte wenden das erworbene Wissen und die erlernten Methoden zur Konfliktprävention regelmäßig im Kita-Alltag an.
- Outcome III: Erzieherinnen, Erzieher und Lehrkräfte entwickeln sich zu Expertinnen und Experten der »Steigerung der Konfliktlösungskompetenz von Kindern« (z. B. veröffentlichen sie ihre Erfahrungen und schulen Kolleginnen und Kollegen).

Die (idealtypische) Wirkung im Sozialraum X:

– Impact: Der Sozialraum X ist (10 Jahre nach der Fortbildung) beruhigt. Die Kinder und Jugendlichen tragen ihre Konflikte friedlich aus.

Abbildung 3: Resultatstreppe der Outputs, Outcomes und Impacts

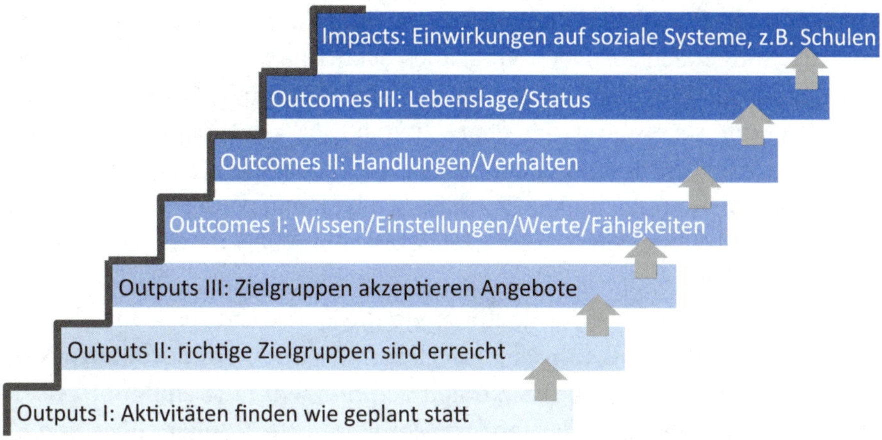

Quelle: Univation – Institut für Evaluation

Um über angestrebte Wirkungen mit anderen Bildungsakteuren der Region diskutieren und sie später in (Selbst-)Evaluationen messen zu können, sollten in Zielsystemen die angestrebten Outcomes und Impacts benannt sein. Auch alle wichtigen Outputs können benannt werden, damit das Zielsystem in sich stimmig und logisch ist. Aber für die interne Qualitätsentwicklung sind sie nicht so wichtig. Warum?

Zielklärung: Aktivitäten und Outputs stehen hier nicht im Fokus

Das obige Beispiel zeigt: Outputs sind zwar einfach zu erfassen (Teilnahmelisten und Feedbackabfragen der Fortbildung), jedoch weiß man damit noch nicht, ob man wirklich etwas erreicht hat. Streng genommen wird so nur dokumentiert, wofür das bereitgestellte Geld ausgegeben wurde. Erfahrungsgemäß neigen Akteure der Fachpraxis (»Entscheider/-innen«, »Macher/-innen« und »Praktiker/-innen«) dazu, in Zielen ihre Aktivitäten und Outputs aufzulisten, die sie umsetzen müssen, um die eigentlichen Ziele (Outcomes und Impacts) zu erreichen. Eine Beschränkung des Zielsystems auf Aktivitäten und Outputs sollten Sie aus zwei Gründen vermeiden:

- Sie endet in einer Auflistung von Aufgaben und Pflichten. So ein »Pflichtenheft« ist für Akteure der Fachpraxis natürlich wichtig und kann durch eine Zielklärung nicht ersetzt werden. Es ermöglicht aber nicht, Aussagen über angestrebte Entwicklungen bei Zielgruppen und Strukturveränderungen und somit über die konzeptionelle Ausrichtung des Bildungsangebots eines Kreises bzw. einer kreisfreien Stadt zu treffen.
- Ein vorgegebenes »Pflichtenheft« ist kontraproduktiv, wenn mit Netzwerkpartnern Aushandlungsprozesse auf Augenhöhe geführt werden sollen. Stattdessen sollte die Chance genutzt werden, sich durch eine Abstimmung der Ziele über die angestrebten Wirkungen zu einigen und so unterschiedliche Vorstellungen berücksichtigen und verschiedene Wege zum Ziel diskutieren zu können.

Konzentration auf Outcomes

Für die Aufgaben von Bildungsbüros ist es – zu Steuerungs- und Planungszwecken bzw. für Aushandlungsprozesse mit anderen Bildungsakteuren – sinnvoll, in den Zielen neben Outcomes auch Impacts zu benennen, etwa hinsichtlich des Aufbaus neuer Vernetzungsstrukturen. Eine empirische Untersuchung von Impacts ist jedoch methodisch sehr anspruchsvoll. Wirkungen in sozialen Systemen haben meistens komplexe Ursachen und vollziehen sich über einen langen Zeitraum. Es ist herausfordernd und ressourcenintensiv, Impacts auf bestimmte Interventionen eines Programms zurückzuführen.

Das Beispiel oben macht deutlich: Ob die Befriedung des Sozialraums wirklich auf die Fortbildung der Erzieherinnen und Lehrkräfte zurückzuführen ist, lässt sich kaum (bzw. empirisch nur sehr aufwendig) beweisen. Schließlich wurden auch noch andere Maßnahmen (für Jugendliche und Eltern) durchgeführt. Außerdem gab es in diesem Zeitraum vielleicht eine Gesetzesverschärfung mit hohen Haftstrafen für jugendliche Straftäter, die völlig unabhängig von den Entwicklungen im Sozialraum beschlossen wurde.

Eine umfassende Evaluation über zehn Jahre könnte diese Wirkungszusammenhänge nachvollziehen. Doch erstens wird das aus Kostengründen fast nie durchgeführt, und zweitens können Selbstevaluationen nicht mit mehrjährigen, empirisch komplexen Evaluationsdesigns umgesetzt werden. Dafür fehlen in der Regel die Kenntnisse und zeitlichen Ressourcen. Wenn man in eng begrenzten Maßnahmen zur Qualitätsentwicklung Wirkungen empirisch belegen möchte, muss man in erster Linie Outcomes erheben. Die können noch verhältnismäßig leicht gemessen werden. Das obige Beispiel zeigt, dass sich auch der direkte Zusammenhang mit der Fortbildung relativ leicht »beweisen« lässt (z. B. durch teilnehmende Beobachtungen im Kita- und Schulalltag und durch Befragungen der Erzieher/-innen und Lehrkräfte).

Die Sicht der Projektleitung der Initiative LEIF

Die Fokussierung auf Outcomes ist für viele Beteiligte zunächst neu. Viel zu oft definieren wir im Alltag über Outputs, ob wir erreicht haben, was wir erreichen wollten. Die Orientierung auf Outcomes bedeutet daher in vielen Fällen einen Lernprozess: Outputs und Outcomes müssen nicht nur theoretisch unterschieden werden. Um bei der Zielgruppe etwas zu bewirken, ist es hilfreich, bei der Planung, Durchführung und Auswertung aller Aktivitäten den Blick auf Outcomes zu richten. Dies erfordert von den Beteiligten einen Perspektivenwechsel und Lernprozess. Die gemeinsame Arbeit an den Zielen unterstützt beides. Es ist hilfreich, Strukturen zu entwickeln, die auch im weiteren Verlauf des Projekts eine Outcomeorientierung unterstützen. Unter anderem erfolgt dies durch eine gemeinsame Reflexion der Ziele oder gemeinsame Interpretation der Ergebnisse im LEIF-Team und mit kooperierenden Bildungsakteuren zu verschiedenen Zeitpunkten.
Veronika Schönstein, Stadt Freiburg, Leiterin der Initiative LEIF

3.5.2 Die verwendete Zielsystematik

Systematisch miteinander verbundene Zielebenen

Die outcome- und impactorientierte Zielsystematik der Abbildung 4 lag der Zielklärung in den Bildungslandschaften in OWL und Freiburg zugrunde. Alle Ziele sämtlicher Ebenen fokussieren auf angestrebte Outcomes (»Welche Wissens-, Einstellungs- und Verhaltensänderungen sollen bei Zielgruppen erreicht werden?«) oder Impacts (»Welche strukturellen und/oder kulturellen Merkmale sollen in sozialen Systemen verändert werden?«). Detailziele sind Konkretisierungen bzw. Spezifizierungen von Mittlerzielen; Mittlerziele konkretisieren bzw. spezifizieren Leitziele; die Leitziele lassen sich unter dem

»strategischen Dach« einordnen. Ein Ziel der höheren Stufe wird in der Regel durch mehrere Ziele einer unteren Stufe spezifiziert. Als grobe Faustregel gilt: Pro Leitziel zwei bis sechs Mittlerziele, pro Mittlerziel zwei bis zehn Detailziele.

Abbildung 4: Mehrstufige Zielsystematik für Bildungslandschaften

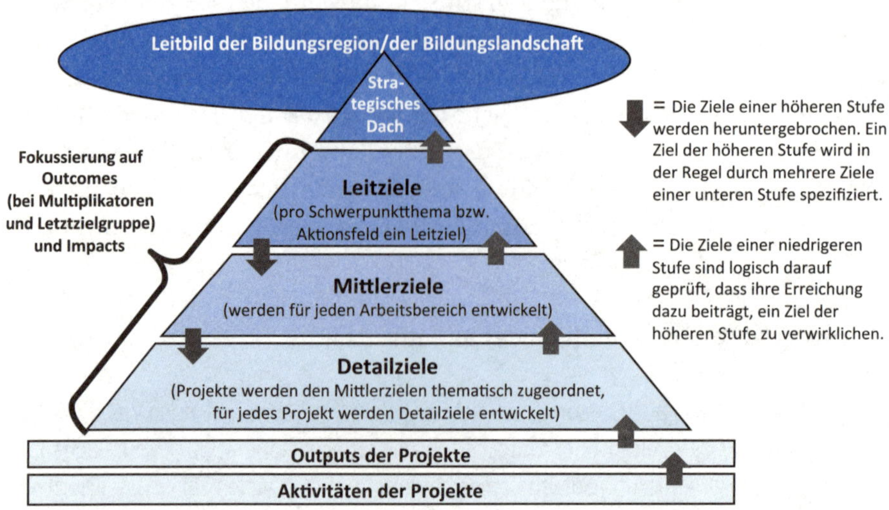

Obere Zielebene verdeutlicht die Vision der Bildungslandschaft

Das strategische Dach wird aus dem Leitbild der Bildungslandschaft abgeleitet. Für jedes Schwerpunktthema bzw. Aktionsfeld des Bildungsbüros bzw. der -initiative wird ein Leitziel definiert, das die Grundausrichtung des Arbeitsbereichs wiedergibt. Leitziele sind eher allgemein formuliert und langfristig gültig (oft über die Laufzeit von einzelnen Projekten hinaus).

Die Ebenen strategisches Dach und Leitziele sind dafür geeignet, auf Steuerungsebene (Politik, Verwaltung, Leitungsebene der Bildungsträger, Bildungskonferenzen etc.) Abstimmungs- und Aushandlungsprozesse über die strategische Ausrichtung der Bildungslandschaft zu führen. Abhängig von den örtlichen Strukturen und dem Interesse an einer fachlich vertieften Auseinandersetzung der jeweiligen Gesprächspartner kann auch die Ebene der Mittlerziele einbezogen werden (vgl. hierzu die Beispiele aus Herford und Freiburg in Kapitel 3.5.5).

Mittlere Zielebene setzt mittelfristige Schwerpunkte

Mittlerziele enthalten die Schwerpunktsetzungen im Hinblick auf bestimmte Zielgruppen und Aufgabenbereiche. Sie sollten realistisch sein und zumindest partiell erreicht werden können, eine Richtung aufweisen und Ideen wecken, wie zugehörige Projekte und Detailziele aussehen könnten. Außerdem müssen sie offen genug sein, dass sich verschiedene Projekte darunter zusammenfassen lassen. Mittlerziele stellen die Verbindung von den konkreten Projekten zum Leitziel her und sind mittelfristig gültig (z. B. für eine bestimmte Förderperiode oder Vertragslaufzeit).

Die einzelnen Projekte der Bildungsbüros oder Bildungsinitiativen werden den Mittlerzielen thematisch zugeordnet. Auf Projektebene werden dann Detailziele formuliert (hier wurde die bekannte dreistufige Zielsystematik an die Anforderungen von Bildungsbüros bzw. -initiativen angepasst). Selbstverständlich ist es möglich, auch auf Projektebene mit einer Dreigliedrigkeit (Leit-, Mittler-, Detailziele) zu arbeiten. Es ist jedoch sinnvoll, Komplexität zu reduzieren – und dadurch die Eignung des Zielsystems als Steuerungsinstrument zu erhöhen. Detailziele sollten möglichst stark operationalisiert sein (vgl. Kapitel 3.5.4), um sie in Selbstevaluationen der Mitarbeitenden auf ihre Erreichung hin prüfen zu können und so zur Optimierung einzelner Aktivitäten beizutragen. Im Idealfall werden Detailziele in einem partizipativen Prozess von Mitarbeitenden der Bildungsbüros bzw. -initiativen und der Netzwerkpartner für ein bestimmtes Projekt entwickelt. So können Aushandlungsprozesse geführt und Transparenz hergestellt werden.

Untere Zielebene bietet Konkretisierungen für zeitlich begrenzte Projekte

Die Sicht der Bildungsbüroleitung im Kreis Herford

Um sicherzustellen, dass sich alle Akteure der Bildungsregion bzw. ihre Themen- und Arbeitsfelder in den Zielen wiederfinden, wurde im Lenkungskreis der Bildungsregion Kreis Herford Mitte 2011 entschieden, ein Zielsystem für die Bildungsregion zu erarbeiten. Die Ziele durften dabei weder zu allgemein noch zu spezifisch formuliert werden. Zu allgemein formulierte Ziele bergen die Gefahr, dass sie sich in einer unspezifischen Belanglosigkeit verlaufen. Zu spezifische Ziele geben wiederum nur Teile von Themen- und Arbeitsfeldern wieder. Die Herausforderung bei der Formulierung lag also darin, einen guten Mittelweg zu finden. Deshalb haben wir auf die in diesem Leitfaden dargestellte Zielsystematik zurückgegriffen.

Das Dach bilden die strategischen Ziele. Sie sind so formuliert, dass sie für eine längere Zeit eine aktive Gestaltung zulassen. Getragen wird dieses Dach von sechs Säulen, die sich aus den für die Bildungsregion Kreis Herford vereinbarten Schwerpunktthemen ergeben: Bildungsmanagement, bildungsbiografische Themen inkl. Übergangsmanagement, Bildungsplanung, Bildungsberatung, Qualitäts- und Unterrichtsentwicklung sowie Kompetenzentwicklung in den Bereichen MINT und Sprache.

Für diese Bereiche wurden jeweils Leitziele formuliert, die eine strukturierende Verbindung zu den sogenannten Mittlerzielen darstellen. Diese wiederum bilden den Brückenschlag zu den Vorhaben der Akteure in der Bildungsregion und sollen sowohl Struktur als auch genügend Spielräume für die weitere Ausgestaltung bieten. Sie sind somit schon deutlich spezifischer gefasst, aber noch immer allgemein genug, um eine möglichst breite Beteiligung sicherzustellen. Die weitere Konkretisierung erfolgt dann über die Zielformulierung in einzelnen Vorhaben und Projekten. Die Formulierung von Zielen dieser Ebene verantworten die Akteure, die die Vorhaben und Projekte umsetzen.

Martina Soddemann, Kreis Herford, Leiterin des Amtes für Schule, Kultur und Sport

Zur Verdeutlichung zeigt Tabelle 6 einen Auszug aus einem Zielsystem (eines von mehreren Leitzielbereichen), wie es für ein Bildungsbüro denkbar wäre.

Tabelle 6: Exemplarischer Auszug aus dem Zielsystem eines Bildungsbüros

Strategisches Dach Die Menschen in der Region erkennen Bildung als Schlüssel für gesellschaftliche Teilhabe und für ihre individuelle Lebensgestaltung. Sie gestalten unabhängig von ihrer sozialen und ethnischen Herkunft erfolgreich und selbstbestimmt ihre Bildungsbiografie (Outcome). Die Bildungseinrichtungen und -strukturen gewährleisten soziale Gerechtigkeit und sind somit Grundlage für erfolgreiche Bildungsbiografien und für die Zukunftsfähigkeit, Wettbewerbsfähigkeit und nachhaltige Entwicklung der Stadt und der Region (Impact).		
Leitziel des Arbeitsbereichs Bildungsberatung Die Bildungseinrichtungen unterstützen die Menschen in der Region bei der Gestaltung ihrer Bildungsbiografie und durch die Gestaltung der Übergänge.		
Mittlerziele		**Exemplarische Maßnahmen eines Bildungsbüros (für die jeweils noch Detailziele definiert werden müssen)**
1	Eltern finden zu Fragen der Bildung und des Schulbesuchs ihrer Kinder schnell und unkompliziert qualifizierte und individuell passende Beratungsangebote.	• Einrichtung einer Elternberatungsstelle • Entwicklung einer Broschüre für Multiplikatoren
2	Jugendliche planen den Übergang in eine Berufsausbildung frühzeitig und treffen Entscheidungen auf der Grundlage aller relevanten Informationen.	• Entwicklung der Internetseite »Übergang Schule – Beruf«

Ein Zielsystem muss in sich schlüssig und überschaubar sein

Die Ziele einer niedrigeren Konkretisierungsstufe tragen dazu bei, ein Ziel der höheren Stufe zu erreichen. Diese Regel einzuhalten ist sehr wichtig, um eine nachvollziehbare Ordnung im Zielsystem herzustellen. Meist wird das System zunächst »von oben nach unten« bearbeitet – von den Leitzielen zu den Detailzielen. Wenn die zentralen Inhalte gesammelt und in Zielformulierungen überführt worden sind, ist es in der Praxis oft gar nicht so einfach, die hierarchische Ordnung einzuhalten. In diesem Fall hilft es, das Zielsystem imaginär auf den Kopf zu stellen und »von unten nach oben« zu denken: Welches Ziel trägt zur Erreichung eines anderen Ziels bei?

Natürlich ist es wichtig, dass ein Zielsystem praktikabel bleibt. Ziele einer höheren Abstraktionsstufe müssen deshalb nicht unbedingt vollständig durch Ziele niedrigerer Abstraktionsstufen abgedeckt sein. Zwischen dem Anspruch auf eine umfassende Darstellung einerseits und auf Praktikabilität andererseits muss im Einzelfall immer ein guter Kompromiss gefunden werden.

Eine Zielklärung erleichtert auch externe Evaluationen

Schließlich ermöglicht es ein solches Zielsystem, die Anforderungen an ergänzende externe Evaluationen zu präzisieren. Dies kann beispielsweise sinnvoll sein, wenn es Projekte gibt, bei denen fundiertes und nicht anzweifelbares Steuerungswissen besonders wichtig ist, um Prozesse im politischen Raum voranzubringen.

Die Sicht der Projektleitung der Initiative LEIF

Leitbild- und Zielearbeit richten die Beteiligten auf ein gemeinsames Ziel aus und schaffen Commitment sowie eine gemeinsame Sprache. Sie klären auch, welche potenziellen Vorhaben nicht oder noch nicht zu diesem Zeitpunkt bearbeitet werden können. Ein mehrstufiges Zielsystem reduziert Komplexität, indem konkrete Vorhaben in einen Bezug zu Mittler- und Leitzielen gestellt werden. Darüber hinaus führt es bei den Beteiligten zu einem Gespür dafür, auf welcher der verschiedenen Zielebenen man sich gerade bewegt. Auch die Ergebnisse einzelner empirischer Untersuchungen geben immer wieder Anlass, miteinander ins Gespräch zu kommen, die Ziele zu reflektieren und ggf. Kurskorrekturen zu beschließen. Gleichzeitig bietet dieser Rahmen die Möglichkeit, die Annäherung der verschiedenen Kulturen und den Umgang mit den Eigenlogiken der Partnerinnen und Partner zu fördern.

Zusammenfassend lässt sich sagen: Der Prozess und die Mühe lohnen sich, da auf diese Weise alle (Politik, Verwaltung, externe Partner/-innen, Projektmitarbeitende) mitgenommen und beteiligt werden. Dies führt zu einer stetig steigenden Identifikation und Wirkkraft.

Veronika Schönstein, Stadt Freiburg, Leiterin der Initiative LEIF

In den Anhängen 4 (S. 115) und 5 (S. 119) finden Sie zwei ausgearbeitete Zielsysteme, die als Anregung zur Entwicklung eines eigenen Zielsystems dienen können:

- Zielsystem der Bildungsregion Kreis Herford
- Zielsystem der Initiative LEIF in Freiburg

3.5.3 Differenzierung von Zielgruppen

Menschen in Bildungslandschaften über Fachkräfte der Institutionen erreichen

In Bildungslandschaften ist zu berücksichtigen, dass es sich oft um mehrstufige Kaskadenprogramme handelt. Hier wird zwischen Multiplikatorzielgruppen und Letztzielgruppen unterschieden. Die meisten von Bildungsbüros oder Bildungsinitiativen ins Leben gerufenen Projekte sind klassische Kaskadenprogramme: Es sollen Führungskräfte (z. B. Schulleitungen) oder pädagogische Fachkräfte und andere Bildungsakteure (z. B. Erzieher/-innen, Migrantenvertreter/-innen) befähigt bzw. sensibilisiert werden, die Bildungschancen der Letztzielgruppe (Menschen der Region, Kinder, Schüler/-innen) zu fördern.

Der Begriff »Letztzielgruppe« stößt bei Bildungsakteuren häufig auf Ablehnung, da er die – nicht beabsichtigte – Assoziation weckt, dass die Zielgruppe unwichtig oder weniger relevant sei; de facto ist das Gegenteil der

Fall, da es im Endeffekt immer um Wirkungen bei der Letztzielgruppe geht. In Freiburg wird aus diesem Grund der Begriff »Wirkzielgruppe« verwendet.

Abbildung 5: Wirklogik in Kaskadenprogrammen

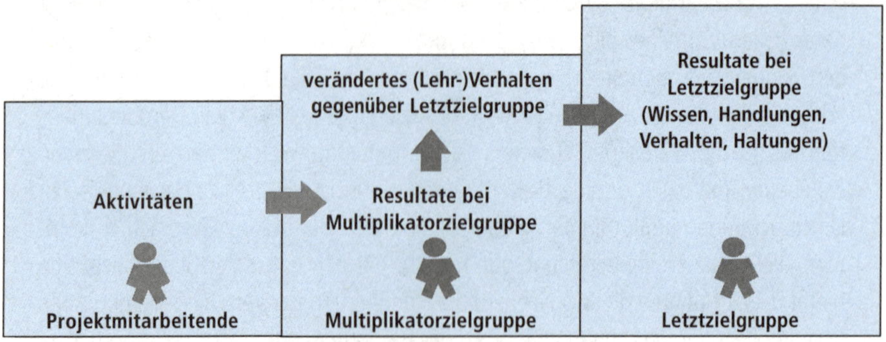

Der Wechsel von der Multiplikatorebene zur Ebene der Letztzielgruppe erfolgt meist auf der Stufe »Outcomes II«.

Abbildung 6: Wechsel von der Multiplikator- auf die Letztzielgruppenebene

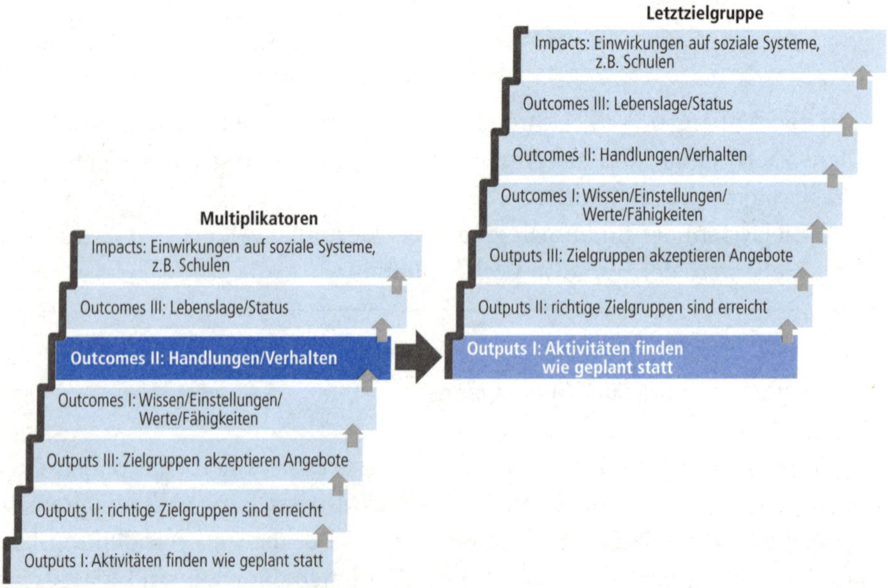

Obere Zielebenen beschreiben Impacts oder Outcomes bei Letztzielgruppen

In einem Zielsystem sollte deutlich werden, dass sich die Aktivitäten eines Bildungsbüros bzw. einer Bildungsinitiative zwar vornehmlich an Führungskräfte sowie an Multiplikatorinnen und Multiplikatoren des Bildungssystems richten, im Endeffekt aber dazu dienen,

- entweder Strukturen aufzubauen oder vorherrschende Kulturen zu verändern (Impacts)
- oder Wirkungen bei der Letztzielgruppe zu erreichen (Outcomes).

Um dies zu verdeutlichen, kann die Regel angewendet werden, dass Ziele einer niedrigeren Stufe zur Erreichung eines Ziels der höheren Stufe beitragen. In Abbildung 7 wird am Beispiel »inklusive Schule« verdeutlicht, dass in Zielsystemen für Programme in Bildungslandschaften

- Impacts auf einer höheren Stufe (Leitziel) angesiedelt sind als Ziele für Führungskräfte (Mittler- und Detailziele), da dieser Personenkreis hauptverantwortlich für die Initiierung und Gestaltung von Prozessen ist, die letztlich strukturelle und kulturelle Veränderungen in sozialen Systemen auslösen;
- Ziele für Letztzielgruppen auf einer höheren Stufe (Leitziel) angesiedelt sind als Ziele für Multiplikatorinnen und Multiplikatoren (Mittler- und Detailziele). Zwar müssen zunächst Outcomes bei Multiplikatoren erreicht werden (z. B. eine erweiterte Lehrkompetenz); dies ist jedoch kein Selbstzweck, sondern dient immer dazu, die Letztzielgruppe besser zu fördern.

Abbildung 7: Outcome- und Impact-Zielestrang am Beispiel »inklusive Schule«

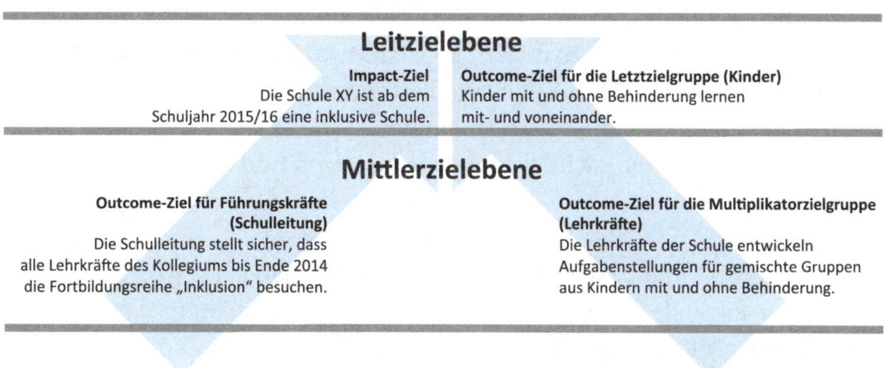

Die Sicht der Bildungsbüroleitung im Kreis Herford

Bei der Formulierung der Ziele wurde darauf geachtet, dass immer zwei Sichten berücksichtigt wurden: die der Menschen im Kreis Herford und die der Bildungseinrichtungen. Damit wird dem Aspekt Rechnung getragen, dass in der Bildungsregion oft auf Ebene der Multiplikatoren und Institutionen agiert wird.

Ein gutes Beispiel hierfür sind all die Aktivitäten, die unter dem Stichwort Bildungsmanagement zusammengefasst werden können und sich auf die Organisation, Koordination und Moderation der regionalen Abstimmungsprozesse beziehen. Dies ist jedoch kein Selbstzweck, sondern will immer etwas für den einzelnen Menschen erreichen. Das muss im Zielsystem deutlich werden, auch wenn die Be-

trachtung der Multiplikatoren und der Institutionen zunächst einfacher und der Grad der Zielerreichung später unter Umständen besser bestimmt werden kann.
Martina Soddemann, Kreis Herford, Leiterin des Amtes für Schule, Kultur und Sport

3.5.4 Zielentwicklung

Warum Ziele formulieren?

Ziele haben eine wichtige Funktion in unserer Gesellschaft. Menschen setzen sich Ziele, um

- Klarheit über den angestrebten Endzustand zu erhalten,
- die Richtung zu weisen, in die sich etwas entwickeln soll,
- sich und andere zu motivieren und den Zweck des Tuns zu erkennen,
- die Tätigkeit zu legitimieren,
- Erfolgskriterien selbst zu bestimmen und sich gegen nicht sachgerechte Bewertungen abzusichern,
- den Einsatz von Ressourcen effektiv und effizient zu planen und durchzuführen,
- Einigkeit im Team herzustellen, konstruktive Aushandlungsprozesse zu initiieren, aber unnötige Streitereien zu vermeiden,
- Beiträge und Ideen einordnen zu können,
- sich mit Widerstand sachlich auseinandersetzen und ihn konstruktiv nutzen zu können.

Tipps: Formulierung klarer und aussagekräftiger Ziele

Um diese allgemeinen Zwecke zu erreichen, sollte man bei der Formulierung von Zielen folgende Prinzipien berücksichtigen, unabhängig davon, ob es sich um Leit-, Mittler- oder Detailziele handelt:

- Bei den direkt Beteiligten muss es einen weitgehenden Konsens geben, dass das Ziel tatsächlich eine Verbesserung beschreibt.
- Ziele müssen ambitioniert formuliert sein. Ein Zustand, der auch ohne gesonderte Anstrengung erreicht wird, ist kein Ziel. Angst vor unfairen Fremdbewertungen ist unnötig. Wenn förderliche und hemmende Faktoren analysiert werden, kann auch eine Zielverfehlung oder partielle Erreichung immer begründet werden.
- Das Ziel ist in der Gegenwart formuliert. Ein Ziel ist eigentlich ein »Soll-Zustand«, wird aber als »Ist-Zustand« formuliert. Das erleichtert es, sich eine konkrete Vorstellung vom erreichten Ziel zu machen.

Um auf der Basis von Zielen steuern und evaluieren zu können, sollten sie weitere Kriterien erfüllen:

- Es werden Outcomes beschrieben, also ein erhöhtes Wissen, eine veränderte Einstellung oder ein verbessertes oder stabilisiertes Verhalten bei Zielgruppen. (Ausnahme: Leitziele sollen auch Impacts beschreiben, also strukturelle bzw. kulturelle Veränderungen in sozialen Systemen.) Outcomes beschreibt man, indem

  - die Zielgruppe (möglichst konkret) benannt wird. Oft werden die aussagekräftigsten Ziele erreicht, wenn man den Satzaufbau möglichst simpel hält und den Satz mit der Zielgruppe beginnt. (Beispiel eines Detailziels für ein Konflikttraining: »Alle Klassenlehrer/-innen unterstützen die Projektmitarbeitenden aktiv bei der Projektdurchführung in ihren Klassen.«)
  - Verben verwendet werden, die eine Aktivität der Zielgruppe beschreiben. (Beispiel eines Detailziels für ein Konflikttraining: »Die Kinder formulieren in ihren eigenen Worten die Position ihres Streitpartners.«) Beschreibungen von passiven Verhaltenszuständen der Zielgruppe, wie im folgenden Beispiel, beschreiben nur Prozesse, keine Ergebnisse: »Den Kindern wird vermittelt, dass sie die Position des Streitpartners in ihren eigenen Worten formulieren sollen.«

- Pro Ziel wird nur ein Aspekt beschrieben. Bei zwei oder mehreren Aspekten kann es passieren, dass nicht alle erreicht werden und somit keine klare Aussage zur Zielerreichung getroffen werden kann. (Beispiel für zwei Aspekte in einem Ziel: »Die Kinder formulieren in ihren eigenen Worten die Position ihres Streitpartners und machen anschließend einen Kompromissvorschlag zur Konfliktlösung.«)
- Vorsicht mit Vergleichen: Wenn festgelegt wird, dass Kinder, die an einem Projekt teilnehmen, mehr Wissen zu einem bestimmten Thema haben sollen als nicht am Projekt teilnehmende Kinder, muss das Wissen in beiden Gruppen gemessen werden. Das erhöht den Aufwand enorm. Ähnliches gilt für Vorher/nachher-Vergleiche. Hier muss zu zwei Zeitpunkten gemessen werden.

Detailziele: möglichst stark operationalisieren

Detailziele dienen der Orientierung für die Praxis und sind möglichst stark operationalisiert, das heißt, sie beschreiben Outcomes so, dass diese beobachtet oder mit empirischen Methoden gemessen werden können.

Tabelle 7: Operationalisierung am Beispiel »Konfliktlösungstraining«

Outcome **Kinder erhöhen spielerisch ihre Konfliktlösungskompetenz.**
Erste Stufe der Operationalisierung Kinder erhöhen ihre Ich-Stärke, steigern ihr Empathievermögen und erlernen verbale und körperliche Deeskalationsstrategien.
Zweite Stufe der Operationalisierung Kinder setzen sich bewusst damit auseinander, was sie gut können und was sie weniger gut bzw. gar nicht können (individuelle Stärken, Schwächen). Kinder erkennen Gefühle (Freude, Trauer, Angst) bei sich und bei anderen. Kinder erkennen ihre (individuellen) Wutauslöser und kontrollieren sie bei Bedarf. Kinder setzen ihre Stimme und Sprache gezielt ein, um Streit zu entschärfen bzw. zu lösen. Kinder setzen Körpersprache (Mimik, Gestik, Körperhaltung) gezielt ein, um Streit zu entschärfen.

Abbildung 8: Operationalisierung von Detailzielen

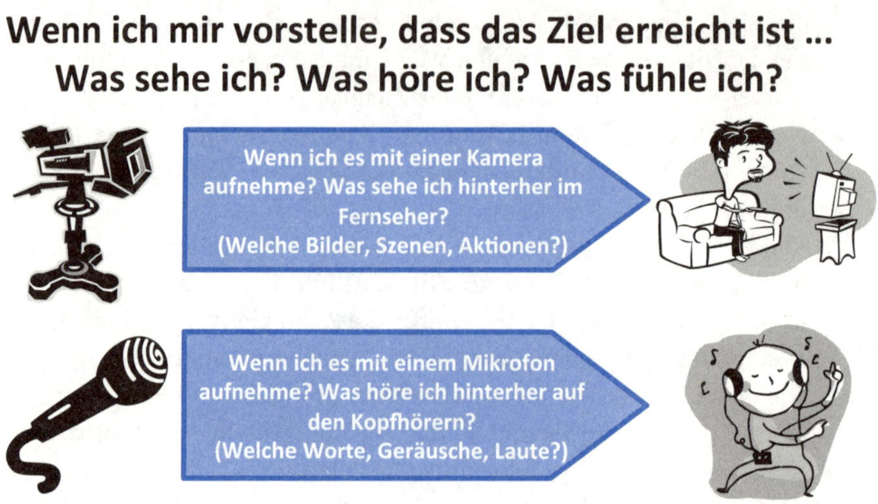

1. Variante: Detailziele mithilfe der S.M.A.R.T.-Kriterien messen

Für die Messung der Zielerreichung sollten eine konkrete Mengenangabe (z. B. Anteil der Personen aus der Zielgruppe, die das Ziel erreichen sollen) und ein konkreter Zeitpunkt angegeben werden. Um dies zu erreichen, werden häufig die sogenannten S.M.A.R.T.-Kriterien (Heiner 1996) empfohlen (S.M.A.R.T.: engl.: schlau, clever). Das Akronym steht für: *s*pezifisch, *m*essbar, *a*kzeptiert, *r*ealistisch, *t*erminiert.

Tabelle 8: Ziele operationalisieren nach den S.M.A.R.T.-Kriterien

S	spezifisch	Ein konkretes Teilziel ist angegeben, das sich eindeutig dem Projekt/Thema zuordnen lässt.
M	messbar	Der Grad der Zielerreichung ist beobachtbar oder messbar.
A	akzeptiert	Ein Minimalkonsens über das Teilziel ist vorhanden. (Das A wird in der Fachliteratur oft auch mit »attraktiv«, »aktionsorientiert«, »ambitioniert« oder »anspruchsvoll« verbunden. All diese Kriterien sind passend für Detailziele.)
R	realistisch	Der finanzielle, personelle, politische Kontext ist berücksichtigt.
T	terminiert	Ein Zeitpunkt für die Zielerreichung ist angegeben.

In der Praxis zeigt sich, dass diese Kriterien als didaktisches Mittel sehr hilfreich sind, um zu verdeutlichen, was Operationalisierung bedeutet. Andererseits verleiten sie dazu, Ziele auf Output-Niveau zu formulieren, da die Kriterien »Messbarkeit« und »Terminierung« dann leichter umzusetzen sind. So ist es beispielsweise einfacher zu beschreiben, wie viele Kinder pro Schuljahr an einem Konfliktlösungstraining teilnehmen, als die erweiterten Konfliktlösungskompetenzen zu operationalisieren. Des Weiteren werden smarte Ziele oft zu komplizierten Sätzen, wenn man die Kriterien »Messbarkeit« und »Terminierung« integrieren möchte, was die Verständlichkeit und damit die motivierende Wirkung einschränkt (o. g. Beispiel: »Mindestens 75 % der Kinder formulieren nach sechs von zehn Trainingsstunden in ihren eigenen Worten die Position ihres Streitpartners.«).

2. Variante: Detailziele mithilfe von Indikatoren messen

Bei der Formulierung von Detailzielen ist darauf zu achten, sie nicht weniger anspruchsvoll zu formulieren, nur um sie messbar zu machen. Es ist hilfreich, Detailziele in einer Tabelle aufzulisten und eine separate Spalte für Indikatoren und Erfolgskriterien hinzuzufügen, in der die Kriterien »Messbarkeit« und »Terminierung« stichwortartig vermerkt werden können. Hierbei kann auch auf Outputs und durchgeführte Aktivitäten zurückgegriffen werden. Wichtig ist, dass die Verbindung zwischen den als Indikatoren definierten Outputs und den in Leit-, Mittler- und Detailzielen definierten Outcomes nachvollziehbar bleibt.

Die Festlegung von Indikatoren braucht Fach- und Feldkompetenz

Indikatoren für die Erreichung von Detailzielen werden in Form von angestrebten Mindestwerten (mit nach oben offener Erfolgsskala) oder angestrebten Erfolgsspannen (positive Kriterienzone) festgelegt. Um die Indikatoren identifizieren zu können, sind eine große Fachkompetenz im Bildungsbereich und Kenntnisse der lokalen Bildungslandschaft Voraussetzung. Ein Beispiel für die nach oben offene Erfolgsskala ist die Sprachförderung: Sprachkompetenzen können kaum zu hoch ausgeprägt sein. Ein Beispiel für eine positive Kriterienzone ist die Erhöhung des Anteils an Jugendlichen mit Migrationshintergrund eines Geburtsjahrgangs, die einen Lehrvertrag erhalten: Er sollte in der Regel ungefähr dem Anteil in der Gesamtbevölkerung entsprechen. Als Indikatoren können sämtliche zählbaren Angaben angeführt werden, auch klassische Outputs wie Teilnahmezahlen. Wenn empirische Erhebungen bei der Zielgruppe geplant sind, bietet es sich an, einen prozentualen Mindestanteil an zustimmenden bzw. ablehnenden Antworten als Erfolgskriterien festzulegen.

Entwicklung von Detailzielen und Indikatoren in der Initiative LEIF

In der Initiative LEIF wurden für die durchgeführten Maßnahmen anhand der entwickelten Detailziele Indikatoren der Zielerreichung festgelegt. Tabelle 9 zeigt das Beispiel zur Maßnahme »Netzwerk Bildung und Migration«. Für diese Veröffentlichung wurden die konkreten Werte durch »XX« ersetzt, da die Netzwerk-Teilnehmenden vereinbart haben, sie ausschließlich intern zu nutzen.
Carolin Busch, Stadt Freiburg, Mitarbeiterin der Initiative LEIF (Bildungsmonitoring)

Tabelle 9: Detailziele und Indikatoren des Netzwerks »Bildung und Migration« in der Initiative LEIF

Detailziele		zentrale Erfolgskriterien (Indikatoren)
1	Die Mitglieder des Netzwerks erhalten eine bessere Übersicht darüber, welche Akteure in diesem Feld unterwegs sind.	Mindestens XX relevante Partner des Netzwerks werden bis Ende 2011 identifiziert, informiert und für die Idee der Netzwerkgründung gewonnen. Es gibt zwischen XX und XX Netzwerktreffen pro volles Kalenderjahr. Im Schnitt folgen mindestens XX % der Personen der Einladung zum Netzwerktreffen.
2	Die Mitglieder des Netzwerks erhalten eine bessere Übersicht darüber, welche Angebote in diesem Feld bestehen.	Mindestens XX % der Teilnehmenden an einer Befragung der Mitglieder geben an, seit Gründung des Netzwerks mehr/neue Bildungsangebote in Freiburg zu kennen.
3	Die Mitglieder des Netzwerks stellen ihre jeweilige Expertise zur Verfügung, tauschen sich über die dringlichsten Ziele und Bedarfsfelder aus und bearbeiten diese gemeinsam.	Jedes Netzwerktreffen bietet Gelegenheit zur Präsentation von guten Beispielen aus der Praxis. Jedes Treffen ist einem oder mehreren Themen gewidmet, die von den Netzwerkmitgliedern als besonders wichtig und/oder dringlich eingebracht wurden. Mindestens XX % der Teilnehmenden an einer Befragung der Mitglieder geben an, dass im Netzwerk die für ihre Arbeit zentralen Themen behandelt werden.
4	Die Mitglieder des Netzwerks gewinnen untereinander neue Kooperationspartner/-innen; es entstehen Synergien und neue Formen der Zusammenarbeit.	Mindestens XX % der Teilnehmenden an einer Befragung der Mitglieder geben an, über das Netzwerk Kontakte geknüpft zu haben, die sonst nicht entstanden wären. Mindestens XX % der Teilnehmenden an einer Befragung der Mitglieder geben an, neue Kooperationspartner/-innen gewonnen zu haben.

Entwicklung von Detailzielen und Indikatoren im Bildungsbüro Kreis Paderborn

Für das Projekt »Praktikumsbörse« des Bildungsbüros im Kreis Paderborn wurden ebenfalls anhand der entwickelten Detailziele Indikatoren der Zielerreichung festgelegt. Das Projekt soll dazu beitragen, dass Schülerinnen und Schülern der Übergang von der Schule in den Beruf erleichtert wird, indem Praktika in Betrieben online vermittelt und gesucht werden können.
Dr. Oliver Vorndran, Kreis Paderborn, Leiter des Bildungsbüros

In den Anhängen 6 (S. 122) und 7 (S. 123) finden Sie Arbeitsanleitungen zur Formulierung von Zielen, zur Einordnung in eine Zielhierarchie und zur Identifizierung von Indikatoren.

Tabelle 10: Detailziele und Indikatoren der Praktikumsbörse des Bildungsbüros Kreis Paderborn

	Detailziele	Indikatoren
1	Schülerinnen und Schüler (SuS) nutzen die Praktikumsbörse für die Praktikumssuche.	Der Projektpartner sorgt dafür, dass das vorhandene Internetangebot erreichbar ist.
		Der Projektpartner kontaktiert jährlich mindestens 500 Unternehmen für die Aktualisierung der Angebote.
		In der Praktikumsbörse werden mindestens 4.000 Praktikumsplätze angeboten.
		Anzahl der Seitenaufrufe auf der Seite mit Suchfunktion
2	SuS nutzen die Praktikumsbörse, um über Berufe zu recherchieren.	Anzahl der Seitenaufrufe
3	SuS suchen an der Praktikumsbörse nach Tipps für eine erfolgreiche Bewerbung.	Anzahl der Seitenaufrufe Einschätzung der Lehrkräfte (Befragung)
4	SuS nutzen die Leitfäden für das Praktikum, die an der Praktikumsbörse angeboten werden.	Anzahl der Seitenaufrufe Einschätzung der Lehrkräfte (Befragung)

Zusammenfassung: Prinzipien der Zielklärung

Zusammenfassend lassen sich sieben Prinzipien der Zielklärung festhalten.

1. Wirkungsorientierung: Alle Ziele fokussieren auf angestrebte Outcomes und Impacts.
2. Pyramidenaufbau: Ein Ziel der höheren Stufe wird durch mehrere Ziele einer unteren Stufe spezifiziert. Ziele einer unteren Stufe tragen zur Erreichung des Ziels einer höheren Stufe bei.
3. Leitbildtreue: Das strategische Dach wird aus dem Leitbild der Bildungsregion bzw. der Bildungslandschaft abgeleitet.
4. Langfristige Gültigkeit der Leitziele: Pro Schwerpunktthema bzw. Aktionsfeld wird ein Leitziel formuliert, das langfristig gültig und eher allgemein formuliert ist sowie die Grundausrichtung des Schwerpunktthemas bzw. Aktionsfeldes wiedergibt.
5. Mittlerziele enthalten Schwerpunktsetzungen für Zielgruppen und Aufgabenbereiche und sind mittelfristig gültig.
6. Detailziele für jedes Vorhaben: Sie sind für ein bestimmtes Projekt zeitlich begrenzt gültig, möglichst stark operationalisiert und mit Indikatoren/Erfolgskriterien unterlegt.
7. Das Zielsystem ist praktikabel: Es ist schlüssig und gut überschaubar. Vollständigkeit ist keine Pflicht.

3.5.5 Initiierung und Steuerung von Zielklärungsprozessen

Strategische und operative Steuerungsebene einbeziehen

Eine Zielklärung stellt die Verantwortlichen vor zwei Herausforderungen: zum einen die methodische Herausforderung, ein Zielsystem entsprechend den dargestellten sieben Prinzipien zu entwickeln, zum anderen die Steuerung des Prozesses und Einbeziehung der relevanten Akteure. Um Zielklärungsprozesse in Bildungslandschaften zu steuern, können unterschiedliche Strategien gewählt werden. Sie sind von den verantwortlichen Akteuren vor dem Hintergrund der örtlichen Strukturen, Arbeitsbezüge und -kulturen zu treffen. In den folgenden Praxisberichten aus den Bildungslandschaften OWL und Freiburg besteht der zentrale Unterschied darin, welche Gremien einbezogen wurden.

- In Freiburg und den Bildungslandschaften in OWL (exemplarisch wird auf den Kreis Minden-Lübbecke eingegangen) wurden die Gremien der strategischen Steuerung (einschließlich der Kommunalpolitik) und operativen Steuerung in den Erarbeitungsprozess des Zielsystems einbezogen.
- Im Kreis Herford wurden darüber hinaus die regionalen Bildungsakteure besonders breit einbezogen, indem auch die Bildungskonferenz in den Erarbeitungsprozess integriert wurde. In Arbeitsgruppen wurde intensiv an der Entwicklung von Zielen gearbeitet.

Einbeziehung der Bildungskonferenz: Vor- und Nachteile

Beide Vorgehensweisen haben Vor- und Nachteile. Dass die strategische und operative Steuerungsebene mit einzubeziehen ist, steht außer Frage. Differenziert beurteilt werden kann die Einbeziehung der Bildungskonferenz. Sie ist das Organ, welches den Transfer der entwickelten Ideen und Konzepte zu den relevanten Bildungsakteuren bewerkstelligen und darüber hinaus Impulse für die inhaltliche Weiterentwicklung der Bildungslandschaft erarbeiten soll. Vorteile ihrer Einbeziehung erwachsen daraus, dass alle relevanten Bildungsakteure der Region ihre Werte und thematischen Schwerpunkte in das zentrale Steuerungsinstrument einbringen können. Dies erhöht das Commitment und es besteht die Chance, Klarheit zu schaffen, Kräfte zu bündeln, Energien freizusetzen und Anstöße für neue Partnerschaften bzw. Netzwerke zu erhalten.

In anderen Regionen wurde dieser Weg nicht beschritten, da die Bildungskonferenz als ein Organ angesehen wird, das an fachlichen und inhaltlichen Zukunftsthemen arbeiten soll. Die bisherigen Freiburger Bildungskonferenzen befassten sich zum Beispiel mit den Themen »Übergang Schule – Beruf«, »Frühe und vorschulische Bildung«, »Bildung für nachhaltige Entwicklung« und »Bildung und Integration«. Eine breit angelegte Zielklärung in einer Veranstaltung mit 100 oder auch mehr Personen, die unterschiedliche berufliche und fachliche Hintergründe und Professionalisierungsgrade haben, könnte von einigen Akteuren als technokratisch empfunden werden und vereinzelt auch eine Überforderung bedeuten.

Für den Einsatz von Evaluations- und Qualitätsentwicklungsverfahren in allen Projekten der Bildungslandschaft – auch in Projekten ohne Beteiligung des Bildungsbüros bzw. der Bildungsinitiative – ist es förderlich, wenn es bei dem Zielklärungsprozess eine möglichst breite Basis gibt. Er schärft das Qualitätsbewusstsein der Akteure und erhöht den Qualitätswettbewerb unter den Bildungsinstitutionen, da mehr Transparenz über die Erfahrung und die bereits implementierten Verfahren der einzelnen Akteure entsteht.

Um die folgenden Praxisberichte aus Freiburg und OWL besser nachvollziehbar zu machen, gibt Tabelle 11 einen Überblick zu den Bezeichnungen der einzelnen Gremien.

Tabelle 11: Bezeichnung der Gremien (Freiburg und OWL)

Aufgabe/Zweck des Gremiums	Bezeichnung der Gremien	
	Freiburg	OWL
strategische Steuerung	Steuerkreis	Lenkungskreis
operative Steuerung	Lenkungsgruppe	Leitungsteam
Transfer zu relevanten Bildungsakteuren der Region	Bildungskonferenz	Bildungskonferenz

Beispiel für die Beteiligung der strategischen und operativen Steuerungsebene

Die Sicht der Projektleitung der Initiative LEIF

Zunächst leitete das Projektteam aus dem LEIF-Leitbild zu den Aktionsfeldern (Bildungsmanagement, Bildungsmonitoring, Bildungsberatung, Übergangsmanagement, Integration-Diversity-Management, Wirtschaft/Technik/Umwelt/Wissenschaft) Leitziele ab. Orientierung gaben die Fragen: Was muss in Freiburg langfristig passieren? Was wollen wir nach der Projektphase erreicht haben? Welche Wirkungen wollen wir erzielen? Die Leitziele der sechs Aktionsfelder wurden als Vorschlag in zwei Runden mit den Bildungspartnern im Rahmen von Lenkungsgruppensitzungen diskutiert, weiterentwickelt und bestätigt. Damit war der strategisch-konzeptionelle Rahmen sichtbar, der das Spezifische von LEIF deutlich werden ließ und die inhaltliche Ausgestaltung des Programms sowie Zuordnungen ermöglichte: Projekt X passt gut zu den Leitzielen, Projekt Y weniger gut. So war schon früh die Idee einer zielorientierten Steuerung angelegt.

Wirkung nach innen

Der Ziele-Kaskadierungsprozess diente als Bildgestaltungs- und Orientierungsprozess im Projektteam. Gleichzeitig stellte er eine hohe Identifikation mit dem Gesamtvorhaben her, eine gemeinsame Sprache und frühe Zielklarheit.

Wirkung nach außen

Die Klarheit innerhalb des Projektteams sorgte für klare Diskussionen mit den Partnern. Die Gestaltungsspielräume und die Grenzen von LEIF wurden sichtbar, viele Missverständnisse konnten bereinigt und Erwartungen an das Programm geklärt werden.

Ein wichtiger Schritt zu Beginn war es, die Bildungslandschaft zügig mit den bereits vorhandenen Strukturen der Schullandschaft in der Bildungsregion zu verknüpfen und sinnvoll im Sinne der gesamten Bildungsbiografie auf die verschiedenen Lebensphasen zu erweitern. Ebenso wurde der Leitbildprozess mit den Bundeszielen von LvO und auch mit den Zielen der Bildungsregion in Übereinstimmung gebracht. Der Qualitätsentwicklungsprozess innerhalb des LEIF-Programms wurde so früh wie möglich gestartet. Die Verknüpfung von leitzielorientiertem Vorgehen und daraus abgeleiteten Qualitätssicherungsmaßnahmen fungier(t)en als Schrittmacher der Bildungslandschaft. Innerhalb dieser Vorgaben wurde der Förderantrag in einen Projektstrukturplan übertragen, in dem sich alle Projekte wiederfanden, die dem Anspruch genügten, zur Zielerreichung bzw. zu den erwünschten Wirkungen beizutragen.

Auf der Projektebene waren die relevanten Fragen: Woran können wir erkennen, dass wir das erreicht haben, was wir mit diesem Projekt erreichen wollten? Und: Wie können wir sicherstellen, dass unsere Ergebnisse belastbar sind? Bei diesen Schritten stellte sich die Unterstützung durch eine externe Beratung als sehr hilfreich heraus: Mit dem professionellen Außenblick wurden die Ziele noch einmal überprüft und die Formulierungen teilweise geschärft. Der Prozess der Operationalisierung bis auf messbare Indikatoren wurde beratend begleitet. Dadurch konnten wir schon sehr früh erste Projekte im Sinne unserer Qualitätssicherung überprüfen.
Veronika Schönstein, Stadt Freiburg, Leiterin der Initiative LEIF

Die Sicht der Bildungsbüroleitung im Kreis Minden-Lübbecke

Mit Blick auf die im Kooperationsvertrag zwischen Land und Kreis zur Gestaltung einer Bildungsregion Minden-Lübbecke definierten Vorgaben – z. B. Transparenz, Nachhaltigkeit, Vernetzung, kontinuierliche und systematische Prozessentwicklung – wurde der Aufbau eines Zielsystems für die weitere Arbeit im Bildungsbüro als notwendig erachtet und vom Lenkungskreis beschlossen. Der Aufbauprozess beinhaltet die Formulierung von Leit-, Mittler- und Detailzielen für die einzelnen Handlungsbereiche. Hieraus sollen die jährlichen Arbeitsprogramme entwickelt werden. Ausgehend vom Kooperationsvertrag wurde zunächst das strategische Dach für das Bildungsbüro mit zwei Schwerpunkten definiert. Daraus wurde für die Handlungsbereiche je ein Leitziel entwickelt. Nach Vorstellung und Diskussion im Leitungsteam wurden das strategische Dach und die Leitziele dem Lenkungskreis vorgestellt und dort als weitere Handlungsgrundlage verabschiedet.

Jede Mitarbeiterin hat für ihr eigenes Handlungsfeld – abhängig von den aktuellen und zukünftigen Aufgaben – das Leitziel in drei bis sechs Mittlerziele unterteilt. Für die konkrete Arbeit wurden bzw. werden die Mittlerziele in umsetzbare Detailziele gegliedert und mit konkreten Projekten belegt. Ein kontinuierlicher Diskussions- und Abstimmungsprozess mit den Mitgliedern im Leitungsteam wird sichergestellt. Die Information und Kommunikation hierzu sowie eine transparente Gestaltung sind weitere angestrebte Bausteine im Entwicklungsprozess.
Antje Gieselmann, Kreis Minden-Lübbecke, Leiterin des Schulamtes

Die Sicht der Bildungsbüroleitung im Kreis Herford

Beispiel für die Beteiligung der Bildungskonferenz am Zielklärungsprozess

Wer kann Ziele in der Bildungsregion vereinbaren? Diese Frage scheint sich auf den ersten Blick einfach beantworten zu lassen: nur die Bildungsregion selbst. Auf den zweiten Blick verhält sich die Sache komplizierter: Wenn die Bildungsregion selbst die Ziele vereinbart, können und müssen möglichst viele Akteure beteiligt werden. Gleichzeitig ist es jedoch erforderlich, dass ein Akteur die Fäden in der Hand behält. Um dieses Spannungsfeld zu entlasten, erfolgte im Kreis Herford der Klärungsprozess über die regionalen Gremien. Gemäß ihrem Auftrag waren der Lenkungskreis, das Leitungsteam, die Arbeitskreise der Schulträger, der Schulformen und der Schulaufsichten sowie die Bildungskonferenz beteiligt.

Als Entscheidungsgremium hat der Lenkungskreis mit Unterstützung des Leitungsteams einen Vorschlag für das Zielsystem erarbeitet. Flankierend dazu wurde frühzeitig über das Verfahren in den anderen regionalen Gremien beraten und abgestimmt. Der Vorschlag ging im Oktober 2011 in die 2. Bildungskonferenz. Dabei setzte der Lenkungskreis sowohl die strategischen Ziele als auch die Leitziele, um möglichst schnell in eine intensive Diskussion der Mittlerziele, die die Verbindung zur konkreten Arbeitsebene herstellen sollen, einsteigen zu können. Vorteilhaft war, dass auf der 1. Bildungskonferenz im September 2010 die Schwerpunktthemen bereits intensiv diskutiert worden waren. Die Ergebnisse konnten einerseits bei der Erarbeitung des Zielsystems berücksichtigt werden und andererseits waren allen Mitgliedern der Konferenz die Themen bereits vertraut.

Die Anregungen, Ergänzungs- und Änderungswünsche bildeten im Nachgang zur Bildungskonferenz die Grundlage, um den Vorschlag zu überarbeiten. Parallel dazu hatten alle Mitglieder der Konferenz noch einmal die Möglichkeit, weitere schriftliche, ggf. mit anderen abgestimmte Rückmeldungen zu geben. Im Januar schließlich vereinbarte der Lenkungskreis – vorbereitet vom Leitungsteam – eine redaktionelle Endfassung. Diese wurde in einem zweiten Teil der 2. Bildungskonferenz im Februar 2012 verabschiedet. Ein weiterer Bestandteil war dann bereits die Verständigung über konkrete Vorhaben, die sich den vereinbarten Mittlerzielen zuordnen lassen. Die enge Zeittaktung war erforderlich, um den Prozess nicht über einen zu langen Zeitraum zu strecken.

Durch die Auseinandersetzung mit den Zielen wurde ein Prozess in Gang gesetzt, der den inhaltlichen Austausch sowie den zwischen unterschiedlichen Professionen beförderte. So machte etwa die für eine Zielformulierung erforderliche Klärung von Begriffen unmittelbar deutlich, dass unterschiedliche Auslegungen zu Missverständnissen führen, die die Kooperation, aber auch die Arbeit mit und für bestimmte Zielgruppen erschweren. Durch den Rahmen »Bildungskonferenz« fand der Austausch auf Augenhöhe statt und alle Professionen konnten gleichberechtigt ihre Interessen einbringen. Für das Bildungsbüro hatte dieser Weg noch einen weiteren Vorteil, und zwar in zweifacher Hinsicht: Einerseits konnte allen Beteiligten deutlich gemacht werden, dass der Erfolg einer Bildungsregion nicht allein an einem Bildungsbüro festgemacht werden kann, sondern dass das Engagement aller Akteure erforderlich ist; andererseits wurde mit dem Verfahren auch eine Offenheit signalisiert, die eine breite Beteiligung erst möglich macht. Dies trägt wiederum dazu bei, die Akzeptanz – gerade bei Koordinations- und Moderationsaufgaben – zu erhöhen.

Insgesamt lässt sich somit ein erstes positives Fazit ziehen. Es soll jedoch nicht unerwähnt bleiben, dass das Vorgehen auch Einschränkungen mit sich bringt. Sie liegen vor allem in der Verbindlichkeit der vereinbarten Ziele. Für die Bildungskonferenz gilt das Delegationsprinzip, das heißt, die Mitglieder vertreten jeweils bestimmte Bereiche der Bildungsregion. So können zwar beispielsweise die schulischen Vertreterinnen und Vertreter die Interessen der Schulseite einbringen und in diesem Sinne auch für alle Schulen sprechen; es widerspräche aber der Funktion der Bildungskonferenz als Impulsgeberin, dass damit automatisch eine Verbindlichkeit für alle Schulen hergestellt wäre. Dies erfordert weitere Überzeugungsarbeit und das aktive Umgehen mit dem nun vereinbarten Zielsystem.

Aufgrund dieser Einschränkung kann aus dem Zielsystem nicht automatisch abgeleitet werden, dass etwa der Kreis oder die Bezirksregierung Ressourcen bereitstellen, um alle Zielwünsche zu erfüllen. Die Entscheidung, wie und in welchem Umfang dies möglich ist, liegt allein bei den Institutionen – nicht nur bezogen auf den Kreis, die Bezirksregierung oder die Städte und Gemeinden, die im Lenkungskreis vertreten sind, sondern auch alle anderen Akteure.

Die Einschränkungen wurden im Kreis Herford bewusst in Kauf genommen, da alle Beteiligten davon ausgehen, dass der mit dem Verfahren in Gang gesetzte Prozess, der alle relevanten Akteure mitnimmt, mittelfristig die Nachteile mehr als ausgleicht. Um dies zu erreichen, wird es nun darum gehen, gemeinsam das Zielsystem mit Leben zu füllen. Ein erster Schritt hierzu wurde bereits im zweiten Teil der 2. Bildungskonferenz durch den Austausch über konkrete Vorhaben getan. Ein

weiterer folgt mit der 3. Bildungskonferenz im Herbst 2012, bei der das Zielsystem einer breiteren Öffentlichkeit vorgestellt werden soll. Darüber hinaus bildet es bereits jetzt den Rahmen für die Planungen und Schwerpunktsetzungen in den regionalen Gremien und auch in der konkreten Arbeit des Bildungsbüros. Damit ist es schon jetzt zu einer wichtigen Planungsgrundlage geworden.
Martina Soddemann, Kreis Herford, Leiterin des Amtes für Schule, Kultur und Sport

4 Praxis systematisch untersuchen

Den Begriff »Wirkungsanalyse« mit Bedacht verwenden

Um ein Zielsystem im Rahmen von internen Qualitätsentwicklungsmaßnahmen zum Ausgangspunkt einer Analyse von Wirkungen zu machen, müssen Fragestellungen entwickelt werden. Dieser Schritt wird im folgenden Kapitel erläutert. Zuvor soll auf eine Herausforderung hingewiesen werden, die sich bei seiner Umsetzung in der Praxis häufig stellt: Der Begriff »Wirkung« und seine Analyse laden im Kontext von Bildung und Evaluation zu Grundsatzdebatten ein. Ein praxisorientierter Leitfaden ist dafür nicht der geeignete Ort, doch folgende Denkanstöße sollen dafür sensibilisieren, den Begriff »Wirkungsanalyse« nicht leichtfertig in den Raum zu stellen.

- *Wirkung:* Im alltäglichen Denken wird meist ein Kausalzusammenhang zwischen Ursache und Wirkung hergestellt. Wir neigen dazu, in einfachen Ketten zu denken, z. B.: Ein regelmäßiges und intensives Lauftraining erhöht die Kondition. Aber können diese einfachen Kausalzusammenhänge auf die Wirkzusammenhänge in der Bildung übertragen werden? Die Antwort ist, wie so oft: Es kommt auf den Einzelfall an. Meist wird man unter Bildungsakteuren jedoch schnell Einigkeit erzielen, dass Wirkungszusammenhänge im Bildungsbereich komplexer sind. Neben der Tätigkeit einer Lehrkraft, die in sich schon komplex ist, kommen weitere Faktoren für die Leistungsfähigkeit eines Schülers bzw. einer Schülerin hinzu (Intelligenz, Kenntnis von Lerntechniken, familiäre Unterstützung, Einfluss der Peergroup etc.).
- *Analyse:* Laut Wikipedia ist »eine Analyse (...) eine systematische Untersuchung, bei der das untersuchte Objekt oder Subjekt in seine Bestandteile zerlegt wird und diese anschließend geordnet, untersucht und ausgewertet werden. Dabei dürfen die Vernetzung der einzelnen Elemente und deren Integration nicht außer Acht gelassen werden« (Internetzugriff am 29.3.2012). Übertragen auf die komplexen Wirkungszusammenhänge im Bildungsbereich, hätte dies zur Folge, dass zunächst alle Faktoren einer

Wirkung identifiziert, in ihrer Bedeutung gewichtet und untersucht werden müssten, wobei es eines Modells bedürfte, das die Abhängigkeit und Beeinflussung der Faktoren untereinander realitätstreu abbildet. Das klingt nach einem hoffnungslosen Unterfangen. Im Rahmen von internen Qualitätsentwicklungsverfahren und Selbstevaluationen kann dieser Anspruch auch nicht verfolgt werden. Die empirische Forschungsmethodik und die Evaluationsmethodik haben mit (quasi-)experimentellen Untersuchungsdesigns und logischer Modellierung durchaus Instrumente in der Hand, auch über komplexe Wirkungszusammenhänge Aussagen treffen zu können. Dies bedarf jedoch vertiefter Kenntnisse in der empirischen Sozialforschung und Evaluationsmethodik, die ein praxisorientierter Leitfaden nicht auf wenigen Seiten vermitteln kann.

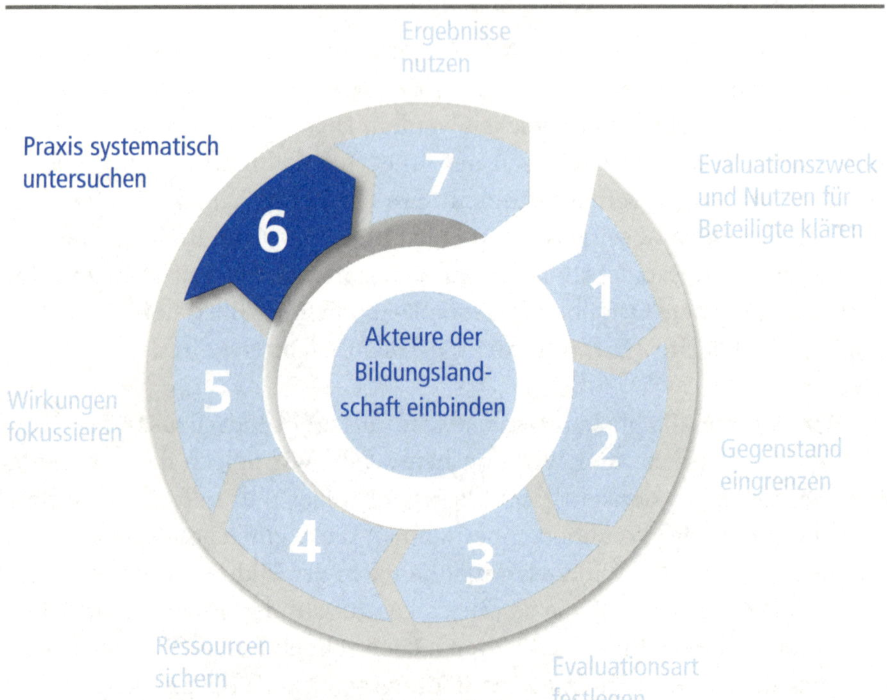

Mit den Themen Bildungsberichterstattung und Fremdevaluation wurde in Kapitel 1.2 ein Einblick gegeben, welche Verfahren geeignet sind, um umfassende Wirkungsanalysen von Programmen und Projekten einer Bildungslandschaft durchzuführen. Bei internen Qualitätsentwicklungsverfahren und Selbstevaluationen sollte es schwerpunktmäßig nicht um eine Analyse gehen, *wie* eine Wirkung zustande gekommen ist, sondern ob die zuvor festgelegten angestrebten Wirkungen (Ziele) erreicht wurden – und wenn ja, in welchem Maße sie erreicht wurden. Es geht also um das *Wieviel.* Dies verdeutlicht auch folgende Schilderung aus dem Bildungsbüro Paderborn:

Die Sicht der Bildungsbüroleitung im Kreis Paderborn

In den Vorüberlegungen zur Evaluation des Projekts »Mit Sprache Brücken bauen« wurde deutlich, dass der Nachweis einer gesteigerten Sprachkompetenz durch die Projektmaßnahmen nur mit einem sehr aufwendigen Evaluationsdesign erbracht werden könnte. Dazu müsste man den Intelligenzquotienten und den sozialen Hintergrund der Kinder kontrollieren sowie mit mehreren Kohorten und Vergleichsgruppen arbeiten. Hierzu hat das Bildungsbüro bei einer Universität ein Angebot eingeholt, das so teuer war wie die gesamten Personal- und Sachkosten des Projektes – und deswegen nicht realisiert werden konnte.

Daher beschränkt sich die Selbstevaluation des Projekts – mit Bordmitteln des Bildungsbüros – auf die Zielerreichung der Projektmaßnahmen bei den Erzieherinnen und Lehrerinnen (Outcomes) bzw. deren Zufriedenheit mit den Maßnahmen (Outputs).

Dr. Oliver Vorndran, Kreis Paderborn, Leiter des Bildungsbüros

Grundsätzliche Fragestellungen für Evaluationen, die in der internen Qualitätsentwicklung umgesetzt werden, sind – neben dem Grad der Zielerreichung – Fragen nach förderlichen und hemmenden Faktoren, die im Projektverlauf auftreten bzw. deutlich werden. Wer erste Erfahrungen mit Selbstevaluationen macht, sollte sich zunächst darauf beschränken. Fragestellungen können im Laufe einer Evaluation auch noch erweitert werden; allerdings sollte dabei bedacht werden; dass neue Fragestellungen in der Regel zusätzliche Datenerhebungen nach sich ziehen (vgl. Kapitel 4.2). Für den Fall, dass weitere Fragestellungen entwickelt werden sollen, können die Hinweise eine Hilfe sein.

4.1 Fragestellungen entwickeln

Fragestellungen fokussieren das Erkenntnisinteresse

»Fragestellungen« und »Fragen« sind zwei Begriffe, die im Zusammenhang mit Evaluationen unterschiedlich verwendet werden.

- Fragestellungen richten sich auf alles, was man durch die Evaluation herausfinden möchte (z. B. Unklarheiten, unzureichender Informationsstand, Grad der Zielerreichung). Sie fokussieren den Informationsbedarf, den man mit der Evaluation decken möchte.
- Fragen werden in Interviews oder schriftlichen Befragungen an Personen gestellt (Items). Eine Fragestellung lässt sich selten direkt in eine Frage umsetzen. Meist sind mehrere Fragen notwendig, um eine Fragestellung zu erfassen.

Fragestellungen haben eine ähnliche Funktion wie Hypothesen in der empirischen Forschung. Sie werden jedoch nicht als Aussage, sondern als Fragesatz formuliert. Im Kontext von Bildungslandschaften hat es Vorteile, wenn man die Fragestellungen gemeinsam mit anderen Bildungsakteuren entwickelt, die abweichende Vorstellungen von Wirkungszusammenhängen haben. Auch wenn hinter einer Fragestellung häufig eine Vermutung über einen Zusammenhang steckt, fällt es leichter, sich bei abweichenden Meinungen auf einen Fragesatz zu verständigen als auf einen Aussagesatz. Die gemeinschaftliche Entwicklung von Fragestellungen mit Akteuren der Bildungslandschaft – bei einzelnen Projekten mit den beteiligten Akteuren – ist in jedem Fall anzuraten: Sie steigert das Interesse an den Ergebnissen und erhöht die Unterstützung etwa für die Umsetzung von Befragungen bei Zielgruppen der Bildungspartner.

Selbstevaluationen: Die Überprüfung der Zielerreichung steht im Mittelpunkt

Um Fragestellungen zu entwickeln, bietet sich in einem ersten Schritt die Frage nach dem Grad der Zielerreichung an (»In welchem Maße wurden die Ziele des Projekts erreicht?«). An dieser Stelle wird deutlich: Mit gut operationalisierten Detailzielen, für die Indikatoren der Zielerreichung und Erfolgszonen festgelegt wurden, sind keine vertieften empirischen Kenntnisse nötig, um die Zielerreichung zu überprüfen.

Fragestellungen orientieren sich am vereinbarten Zweck der Evaluation

In einem zweiten Schritt kann mit den beteiligten Akteuren erörtert werden, welche weiteren Aspekte von Interesse sind. Dabei bezieht man sich auf den vereinbarten Zweck der Evaluation, um den vorgesehenen Nutzen bzw. die beabsichtigten Nutzungen zu ermöglichen:

- beim Zweck der »Optimierung/Verbesserung«: An welchen Stellen bin ich unsicher, ob mein Konzept schlüssig ist und funktioniert? Welche förderlichen und hinderlichen Faktoren traten während der Umsetzung auf?
- beim Zweck der »Rechenschaftslegung«: Mit welchen Informationen kann ich dem Mittelgeber am besten darlegen, dass die zur Verfügung gestellten Gelder sinnvoll eingesetzt wurden?
- beim Zweck der »Wissensgenerierung«: Welche Informationen geben besonders wertvolle Hinweise für die Entwicklung von neuen bzw. weiterentwickelten Konzepten und Projekten?
- beim Zweck der »Entscheidungsfindung«: Was sind die kritischen Erfolgsfaktoren für das Projekt?

Fragestellungen müssen sich eindeutig auf den Gegenstand beziehen

Bei diesem Schritt kann zudem sichergestellt werden, dass eine Fragestellung eindeutig dem zuvor festgelegten Gegenstand der Evaluation zuzuordnen ist (der ggf. bereits auf einen Teilbereich eines Projekts begrenzt wurde). Fragestellungen können sich auch aus der Analyse der Bedingungen ergeben, die im Zuge der Gegenstandsbestimmung durchgeführt wurde (vgl. Kapitel 3.2) – wenn man etwa feststellt, dass zum Income der Zielgruppe unzureichende Informationen vorliegen.

Um zu prüfen, ob man mit den zur Verfügung stehenden Ressourcen auf einem realisierbaren Weg ist, kann in einem dritten Schritt erörtert werden, ob die Fragestellungen eine Vorstellung darüber wecken, wie sie sich beantworten lassen: Wer bzw. welche Personengruppe könnte hilfreiche Informationen zu dieser Fragestellung liefern? Liegen bereits Daten bei den Akteuren vor, mit denen man zur Antwort beitragen kann? Welche Daten können mit wenig Aufwand und ohne empirische Erhebung beschafft werden? Außerdem kann auch hier der Kreis zum Zweck der Evaluation noch einmal geschlossen werden: Welche Ergebnisse könnten bei den realisierbaren Datenerhebungen herauskommen – und würden diese Ergebnisse die vorgesehene Nutzung ermöglichen?

Vor einer Datenerhebung prüfen, ob bereits Daten vorliegen

Ist der Umfang an Fragestellungen groß, können Sie sie in einem vierten Schritt priorisieren, um zu entscheiden, welche untersucht werden und welche nicht. Dafür eignen sich folgende Leitfragen:

Leitfragen zur Priorisierung von Fragestellungen

- Welche Antworten sind stark umstritten?
- Welche (Werte-)Konflikte sind durch die Informationen reduzierbar?
- Wo ist die bisherige Informationsbasis unzureichend?
- Welche Fragen sind für zentrale Beteiligtengruppen besonders wichtig?

Im fünften und letzten Schritt geht es um die richtige Formulierung von Fragestellungen. Hilfreich ist hier das Akronym F.Ö.R.D.E.R.N. (Beywl et al. 2007). Fragestellungen sollten folgende Kriterien erfüllen, um fokussiert und datenbasiert beantwortet werden zu können:

Eine fokussierte und datenbasierte Bearbeitung f.ö.r.d.e.r.n.

Tabelle 12: Fragestellungen formulieren nach den F.Ö.R.D.E.R.N.-Kriterien

F	fokussiert	Es wird deutlich, auf welche Aspekte bzw. Bestandteile des Evaluationsgegenstandes sie sich beziehen.
Ö	öffnend und gradierend	Es wird nicht danach gefragt, ob ein Sachverhalt vorliegt, sondern danach in welcher Ausprägung er vorliegt. (Inwieweit …? In welchem Maße …? Welche …?)
R	realistisch	Sie beziehen sich auf Sachverhalte, die tatsächlich durch den Evaluationsgegenstand ausgelöst werden können.
D	deutlich	Sie sind verständlich und enthalten keine unklaren Begriffe.
E	empirisch beantwortbar	Es ist möglich, die Fragestellungen mittels Daten zu beantworten. Die angesprochenen Sachverhalte (Ziele) sind ausreichend operationalisiert.
R	ressourcenangepasst	Die vorhandenen Mittel und Sachbudgets der Evaluation reichen aus, um sie zu bearbeiten.
N	nützlich	Sie beziehen sich auf Informationsinteressen von Personen, die die Evaluationsergebnisse nutzen sollen.

Beispiel: »Freiburger Forschungsräume« in der Initiative LEIF

An Freiburger Grund- und Förderschulen wurden Anfang 2011 vom Amt für Schule und Bildung der Stadt Freiburg i. Br. sogenannte Forschungsräume eingerichtet und in Kooperation mit LEIF, dem Staatlichen Schulamt und den Schulen, dem Amt für Kinder, Jugend und Familie, den Kindertagesstätten, dem Seminar für Lehrerbildung und Didaktik (Gymnasien), der Hochschule und dem Rektor der Anne-Frank-Schule umgesetzt. Das Amt für Schule und Bildung ist ein zentraler Partner von LEIF. Dabei ist es insbesondere Aufgabe von LEIF, sicherzustellen, dass die Inhalte aller Maßnahmen über den Lebenslauf hinweg aufeinander abgestimmt werden. Diese Prozesse werden von LEIF initiiert und koordiniert, so auch die zugehörigen Qualitätssicherungsprozesse.

Die Freiburger Forschungsräume sollen es den Schülerinnen und Schülern ermöglichen, sich verstärkt mit naturwissenschaftlichen und technischen Themen auseinanderzusetzen und Erfahrungen mit scheinbar widersprüchlichen Beobachtungen konstruktiv zu bearbeiten. So geht es beispielsweise darum, dass Eisen schwerer ist als Wasser, ein Schiff aus Eisen jedoch schwimmt. Die Forschungsräume sollen bei Lehrkräften, Erzieherinnen und Erziehern eine positive Grundhaltung zum Forschen, Experimentieren und zur Wissenschaft fördern. Es geht nicht primär um die Vermittlung naturwissenschaftlichen Wissens bei den Kindern, sondern darum, eine neugierige Forschungshaltung zu wecken und zu fördern. Sprachförderung ist ein weiteres Thema, das in die Forschungsräume integriert wird. Eine besondere Bedeutung hat die Qualifizierung der Lehrkräfte, Erzieherinnen und Erzieher durch Schulungen und kollegiale Lerngemeinschaften.

Carolin Busch, Stadt Freiburg, Mitarbeiterin der Initiative LEIF (Bildungsmonitoring)

Tabelle 13: Exemplarische Fragestellungen der »Freiburger Forschungsräume«

Fragestellung	Zweck
Mit welchen Methoden und Übungen können die Erzieher/-innen und Lehrkräfte – eine Forschungshaltung bei den Kindern fördern? – die Sprachförderung der Kinder unterstützen?	Optimierung: Die Beteiligten gingen davon aus, dass sich im Zuge der Praxiserprobung punktuell konzeptionelle Weiterentwicklungsansätze identifizieren lassen.
Inwieweit tragen die Lerngemeinschaften zu einer verbesserten Zusammenarbeit zwischen Kitas und Grundschulen bei?	Entscheidungsfindung: Die empirische Untersuchung sollte Aussagen dazu treffen, ob der hohe organisatorische Aufwand für die Einrichtung von Lerngemeinschaften den Nutzen rechtfertigt.
Inwieweit verändert die Arbeit in den Forschungsräumen Einstellungen und Verhalten der Erzieher/-innen und Lehrkräfte zu Forschungsaktivitäten?	Wissensgenerierung: Die empirische Untersuchung sollte Anhaltspunkte für die Entwicklung weiterer Konzepte liefern, wie Erzieher/-innen und Lehrkräfte eine positive Grundeinstellung zum Forschen mit Kindern entwickeln.

4.2 Datenerhebung

Die »hohe Kunst« der Empirie

Für manche Leserinnen und Leser beginnt dieses Kapitel mit einer Enttäuschung: Es wird keine allgemein anwendbare detaillierte Anleitung gegeben, wie empirische Untersuchungen und Erhebungsinstrumente konzipiert werden und welche Schritte bei der Durchführung von Erhebungen zu beachten sind. Die Entwicklung von empirischen Untersuchungsdesigns und Erhebungsinstrumenten, die vorausschauende Planung und reibungslose Umsetzung von Erhebungen sind nicht auf wenigen Seiten zu vermitteln. Sie erfordern zumindest Grundkenntnisse der empirischen Sozialforschung bzw. eine vertiefte Beschäftigung mit einführender Literatur (Porst 2011).

Auch Statistiksoftware kann hier weiterhelfen – jedoch sind Schulungen der Anbieter dringend anzuraten. Es gibt einige – auch kostenfreie – Programme (z. B. www.grafstat.de, www.statistiklabor.de, www.r-project.org, www.sofastatistics.com/home.php). Sie sind jedoch nur bedingt intuitiv gestaltet und teils englischsprachig. In der Regel eignen sie sich eher für kleine Befragungen. Die deutschsprachige Software Grafstat erscheint für den Bereich Bildung derzeit am besten geeignet und lässt sich auch mit Schülerinnen und Schülern gut nutzen, um eine Befragung durchzuführen. Um große Datenmengen zu verarbeiten, ist jedoch professionelle Statistiksoftware vonnöten.

Fokussierung, Pretests und Datenschutz beachten!

Wenn im Sozial- und Bildungsbereich empirische Erhebungen von Personen durchgeführt werden, die keine empirischen Erfahrungen haben, wird oft zu wenig Zeit in eine sorgfältige Planung und Vorbereitung investiert. Dies verursacht im Endeffekt häufig unbrauchbare Ergebnisse oder zusätzliche Arbeit.

- Erhebungsinstrumente sollten erst entwickelt werden, wenn zuvor die Fragestellungen klar definiert und mit den zentralen Beteiligten abgestimmt wurden. Die Erhebungskonzepte und Fragestellungen sollten daraufhin geprüft werden, ob man sich überall auf das Wesentliche konzentriert hat oder ob es noch Stellen gibt, auf die ggf. verzichtet werden kann. Große Datenmengen, die irgendwo schlummern, weil niemand die Zeit hat und kompetent ist, sie jemals auszuwerten, führen zu Verdruss auf allen Seiten.
- Die befragten Personen sind oft Zielgruppenmitglieder von durchgeführten Projekten. Um die angestrebte (hohe) Beteiligung zu erreichen, müssen Erhebungsinstrumente klar verständlich sein. Die Bearbeitung darf nicht lange dauern. Bei schriftlichen Befragungen von Jugendlichen sollte der Fragebogen maximal zwei Seiten umfassen und vorab getestet werden (»Pretests«). Er kann z. B. mit Kolleginnen oder Kollegen, die die Zielgruppe gut kennen, kritisch begutachtet und von zwei bis drei Zielgruppenmitgliedern ausgefüllt und anschließend besprochen werden.
- Auf den Datenschutz der befragten Personen muss bei der Durchführung eigener Erhebungen stets geachtet werden. Meist ist es möglich und sinnvoll, Befragungen anonymisiert durchzuführen. Namen oder sonstige auf

Einzelpersonen rückführbare Angaben werden normalerweise nicht erhoben. Falls eine postalische Zusendung oder eine Online- bzw. E-Mail-Befragung die Verwaltung von personellen Daten notwendig macht, sollten Ergebnisdaten und personelle Daten immer getrennt verwahrt bzw. gespeichert werden. Ergebnisse sollten aggregiert und personenübergreifend dargestellt werden. Ggf. sind interne Datenschutzbeauftragte hinzuzuziehen, um das methodische Vorgehen prüfen zu lassen.

Zur Schwierigkeit, eine hohe Beteiligung an einer Befragung zu erreichen: Beispiel aus dem Bildungsbüro Kreis Minden-Lübbecke

Veranstaltungen, Konferenzen etc. werden auch mittels eines Fragebogens auf Papier evaluiert. Beim erstmaligen Einsatz stellte sich das Ergebnis so dar: Obwohl der Fragebogen kurz war, es keine offenen Fragen gab und die Teilnehmenden am Ende der Veranstaltung daran erinnert wurden, den Fragebogen auszufüllen, fiel die Rücklaufquote gering aus.

Aufgrund dieser Erfahrung haben wir uns entschieden, während der Veranstaltung einen konkreten Zeitrahmen vorzugeben, in dem die Teilnehmenden den Fragebogen ausfüllen und abgeben können.
Antje Gieselmann, Kreis Minden-Lübbecke, Leiterin des Schulamtes

Im schlimmsten Fall führen methodische Fehler zu falschen Ergebnissen, auf deren Grundlage dann unzutreffende Schlussfolgerungen gezogen und falsche Entscheidungen getroffen werden. Für die Datenerhebung und -auswertung gilt Ähnliches wie für Finanzprodukte: Machen Sie nur das, was Sie selbst verstehen und nachvollziehen können!

Realistische Ansätze zur datenbasierten Qualitätsentwicklung

Dieses Kapitel wird für Sie in jedem Fall einen ganz konkreten Nutzen haben, da mehrere Ansätze vermittelt werden, wie in Institutionen einer Bildungslandschaft mit den vorhandenen personellen Ressourcen datenbasierte Qualitätsentwicklung und Evaluation betrieben werden kann:

- Es werden Kriterien vorgestellt, mit denen die Qualität von empirischen Untersuchungsdesigns geprüft werden kann, die als ergänzende Dienstleistungen eingekauft werden.
- Es wird ein in der Initiative LEIF angewendetes kombiniertes Verfahren aus externen empirischen Untersuchungen von ausgewählten Projekten und intern verantworteter indikatorenbasierter Zielerreichungsprüfung in weiteren Projekten vorgestellt.
- Mit der Netzwerkbefragung wird ein Erhebungskonzept einschließlich einsetzbarer Itembatterien zur Erstellung von Fragebögen vorgestellt. Damit wird der vordergründige Nutzen wirkungsorientierter Steuerung von Bildungslandschaften bekräftigt, Abstimmungs- und Aushandlungspro-

zesse mit regionalen bzw. lokalen Bildungsakteuren transparent, partizipativ und wertschätzend zu gestalten.
- Es werden leicht handhabbare, prozessunterstützende Instrumente vorgestellt, bei denen Erhebung und Auswertung in einem Schritt erfolgen und Ergebnisse unmittelbar visualisiert werden.

Aufwand und Nutzen immer kritisch hinterfragen

Schließlich sei an dieser Stelle noch einmal ausdrücklich an das Kapitel 4.1 »Fragestellungen« und den Anhang 7 »Indikatoren« erinnert: Im Rahmen von Qualitätsentwicklungsmaßnahmen, die vornehmlich auf Selbstevaluationen beruhen, sollte die Erfassung von Indikatoren im Vordergrund stehen, die mit wenig Aufwand – z. B. durch eine systematische Dokumentation von Prozessen – Hinweise auf den Grad der Zielerreichung geben.

4.2.1 Kriterien zur Bewertung von empirischen Untersuchungsdesigns

Falls finanzielle Mittel für ergänzende (extern beauftragte) empirische Untersuchungen zur Verfügung stehen, etwa durch eine Zusammenarbeit mit Universitäten, sind drei Qualitätsdimensionen zu beachten, die zu einer wirkungsorientierten Gestaltung von Bildungslandschaften beitragen:
1. ein auf Kommunikations- und Dialogprozesse angelegter Ansatz, der sich durch eine zweck- und nutzungsfokussierte Vorgehensweise sowie responsive und partizipative Elemente auszeichnet und flexibel ist, um auf unvorhergesehene Entwicklungen in der Praxis adäquat reagieren zu können
2. die methodische Kompetenz und Erfahrung des Anbieters, die sich in einem nachvollziehbar erklärten methodischen Vorgehen widerspiegelt, das gültige und belastbare Ergebnisse gewährleistet
3. die Fokussierung der Beratungsleistungen und Erhebungen auf die angestrebten Outcomes und Impacts des untersuchten Gegenstands (Programm, Projekt)

1. Qualitätskriterium: Zweck- und Nutzenorientierung

Empirische Untersuchungen sollten so geplant und durchgeführt werden, dass sie für die Bildungsbüros bzw. Bildungsinitiativen und weitere relevante Beteiligte den Nutzen für anstehende Entscheidungen und Verbesserungen gewährleisten. Wie in den vorstehenden Kapiteln dargestellt, ist dafür die sorgsame Klärung des Zwecks und der Fragestellungen zentral. Des Weiteren sollte detailliert abgestimmt werden, wie Erhebungen so umgesetzt werden können, dass mit den Ressourcen der Befragten möglichst sparsam umgegangen wird. Hierfür ist es günstig, die Konzepte zeitnah zu ihrer Durchführung zu erstellen und die Erhebungsinstrumente auf Umfang und Integration aller relevanten Fragestellungen zu prüfen.

2. Qualitätskriterium: Responsivität und Partizipation

Das Vorgehen sollte responsiv und partizipativ angelegt sein. Dies bedeutet, dass die Fragen und Herausforderungen, die sich aus Sicht der Bildungsbüros bzw. Bildungsinitiativen und sonstigen Akteure stellen, gemeinsam –

z. B. im Rahmen eines Workshops – erarbeitet und anschließend von dem externen Dienstleister aufgegriffen und bearbeitet werden. Aus diesem Grund sollte das Design flexibel gehalten werden. Bei Veränderungen in der Durchführung des untersuchten Projekts oder bei veränderten Informationsbedarfen von beteiligten Akteuren müssen der Plan und die Umsetzung prozessbegleitend angepasst werden können.

Außerdem sollten verbindliche Vereinbarungen bzw. Erklärungen eines externen Dienstleisters über die Datenhoheit, den Datenschutz und die Ergebnisverwendung getroffen werden. Unklare oder fehlende Vereinbarungen ohne Orientierung am Bedarf potenzieller Nutzerinnen und Nutzer schmälern die Relevanz von Erhebungsergebnissen.

3. Qualitätskriterium: Methodische Kompetenz und Erfahrung

Ein leicht identifizierbares Qualitätskriterium für Anbieter von sozialwissenschaftlichen Dienstleistungen ist die Mitgliedschaft und im Idealfall aktive Mitarbeit in Fachgesellschaften oder Berufsverbänden. Für den hier vorgestellten Ansatz der Wirkungsorientierung ist die Gesellschaft für Evaluation und die konsequente Orientierung an den »Standards für Evaluation« (Gesellschaft für Evaluation 2001) naheliegend.

Bei umfangreicheren Designs, die mehrere Erhebungen beinhalten, sollte auf die Prinzipien »Multiperspektivität« und »Triangulation« (Flick 2008) geachtet werden:

4. Qualitätskriterium: Multiperspektivität

- Multiperspektivische Designs berücksichtigen die Perspektiven der unterschiedlichen Gruppen von Stakeholdern in der Untersuchung, z. B. die der Mitarbeitenden eines Projekts, der Kooperationspartner sowie der Zielgruppen und ggf. ihrer engen Bezugspersonen. Die Perspektiven müssen methodisch und technisch für die Stakeholder und Zielgruppen geeignet sein. In einem weiteren Schritt sollte versucht werden, möglichst viele Stakeholdergruppen bei der Interpretation der Ergebnisse einzubeziehen (vgl. Kapitel 5).

5. Qualitätskriterium: Triangulation

- Triangulation bezeichnet die Kombination unterschiedlicher Daten, Forscherinnen und Forscher sowie empirischer Methoden und Theorien. Triangulierung sichert die Belastbarkeit und Reproduzierbarkeit der erhobenen Daten und Ergebnisse. Flick (2008) unterscheidet vier Formen der Triangulation, von denen in einem umfangreichen Untersuchungsdesign mindestens zwei angewendet werden sollten, um Vor- und Nachteile von Vorgehensweisen und Methoden ausgleichen zu können:
  - Bei der Datentriangulierung wird eine Methode zu verschiedenen Zeitpunkten und/oder bei verschiedenen Personengruppen eingesetzt. Dadurch werden mehrere Datenquellen einbezogen.
  - Bei der Forschertriangulierung werden die erhobenen Daten von mehreren Evaluatorinnen/Evaluatoren bzw. Forscherinnen/Forschern analysiert und interpretiert.
  - Bei der Theorientriangulierung werden bei der Ergebnisinterpretation unterschiedliche fachlich-theoretische Hintergründe berücksichtigt und dadurch mehrere Perspektiven auf das Datenmaterial erzielt.

- Bei der Methodentriangulierung werden qualitative und quantitative empirische Methoden zur Datenerhebung angewendet. Der Begriff Triangulation stammt aus der Navigation oder Landvermessung und beschreibt dort die Bestimmung eines Ortes durch Messungen von zwei bekannten Punkten aus. Tabelle 14 gibt einen Überblick zu den Stärken und Schwächen von quantitativen und qualitativen Methoden.

Tabelle 14: Stärken und Schwächen von qualitativen und quantitativen Erhebungsmethoden

	Qualitative Methoden	Quantitative Methoden
Beispiele	Dokumentenanalyse (Text, Bilder, Internetseiten etc.) Interviews (persönlich oder telefonisch, mit Einzelpersonen oder Gruppen) teilnehmende Beobachtung	Monitoring des Outputs schriftliche Befragungen (auf Papier und online) Experimente
Stärken	zur Untersuchung unbekannter Sachverhalte (explorative Fragestellungen) reichhaltige Informationen offen für Unerwartetes individuelle Begründungen für Antworten möglich	geeignet, um die Ausprägung bekannter Sachverhalte zu bestimmen breite Datenbasis möglich anschaulicher darstellbar Anonymität begünstigt Ehrlichkeit
Schwächen	anspruchsvolle Auswertung unsichere Repräsentativität	eingeschränkte Antworten aufwendige Erstellung und Datenerfassung keine Informationen zur Begründung der Antworten

6. Qualitätskriterium: Wahl der geeigneten Erhebungsmethode

Um die geeignete Erhebungsmethode auszuwählen, müssen Merkmale der Personen berücksichtigt werden, bei denen die Daten erhoben werden, beispielsweise Sprachkenntnisse bei Personen nicht deutscher Herkunft. Darüber hinaus ist die Erhebungsmethode von der Fragestellung abhängig. Abbildung 9 zeigt einen Pfad, wie man durch Fragen nach der Ausprägung des untersuchten Gegenstands zur geeigneten Methode gelangen kann.

Abbildung 9: Der Pfad von der Fragestellung zur Erhebungsmethode

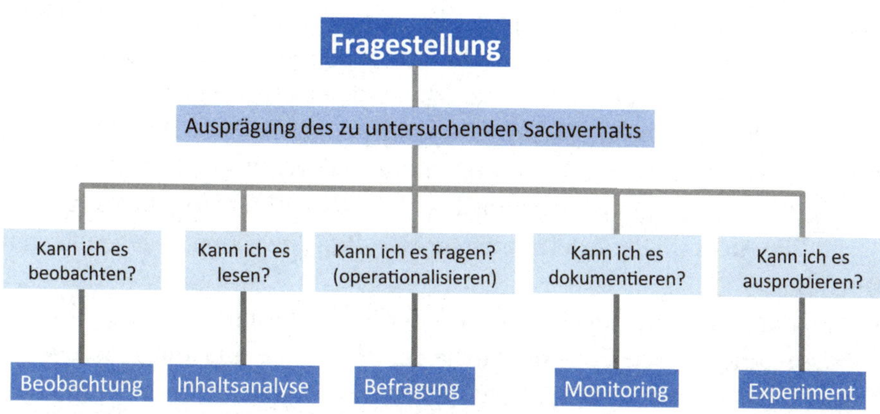

7. Qualitätskriterium: Planung und Abstimmung von Erhebungen

Für die Umsetzung einzelner Erhebungen sollten gesonderte Untersuchungskonzepte erstellt werden, die folgende Punkte auf zwei bis drei Seiten übersichtlich erläutern (vgl. hierzu auch Anhang 8):

- Untersuchungsgegenstand
- Zweck der Erhebung, Adressaten der Ergebnisse und deren Nutzungsinteresse
- Fragestellungen der Erhebung
- Auswahl der befragten Personen
- Umsetzung der Erhebung
  (bei unterschiedlichen Erhebungszeitpunkten muss z. B. detailliert beschrieben sein, wie die Datengebenden zu mehreren Zeitpunkten erreicht werden; im Bildungskontext ist dies oft schwierig, da Gruppenzusammensetzungen sich über lange Zeiträume verändern, z. B. in der Kita)
- Datenauswertungsverfahren (für qualitative und quantitative Daten)
- Form der Berichterstattung und Ergebnisverwendung
- Gewährleistung des Datenschutzes

8. Qualitätskriterium: Fokussierung auf »Outcomes« und »Impacts«

Das Thema Wirkungsorientierung wurde in Kapitel 3 ausführlich behandelt. An dieser Stelle sei noch einmal darauf hingewiesen, dass neben einem mehrstufigen Zielsystem bei externen Anbietern auch auf die Anwendung von logischen Modellen und deren nachvollziehbare Eignung für das Projekt geachtet werden sollte.

4.2.2 Kombination interner und externer Verfahren

Basis für eine intelligente Kombination interner und externer Verfahren

Interne Qualitätsentwicklungsverfahren und extern durchgeführte empirische Untersuchungen können in Bildungslandschaften auch sinnvoll miteinander kombiniert werden. Die in Kapitel 3.5 dargestellte wirkungsfokussierende Zielklärung anhand eines mehrstufigen Systems mit »smarten« Detailzielen und/oder Indikatoren der Zielerreichung schafft eine geeignete Basis für ein solches Vorgehen. In der Freiburger Initiative LEIF wurde dieses von beiden Seiten als gewinnbringend wahrgenommen. Bei der Entwicklung des Zielsystems und der Indikatoren stand die externe Begleitung beratend zur Seite. Für die Durchführung des Monitorings und die Dokumentation der Indikatoren sind die Mitarbeitenden von LEIF verantwortlich. Die vertieften Untersuchungen einzelner Projekte übernahm die externe Begleitung.

Leitfragen zur Auswahl von extern zu untersuchenden Projekten

Für die Auswahl der extern untersuchten Projekte waren folgende Fragen leitend:

- Was können wir schnell umsetzen und wie erhalten wir zeitnah Ergebnisse, um politisch Verantwortliche der Kommune und andere Bildungsakteure der Stadt von der Sinnhaftigkeit des Vorgehens von LEIF zu überzeugen?

- In welchen Arbeitsbereichen wird konkretes Steuerungswissen am dringendsten benötigt, damit das Gesamtprojekt erfolgreich durchgeführt werden kann?
- Bei welcher Maßnahme halten wir es für ganz besonders wichtig, Evaluationsergebnisse für den Entwicklungsprozess zu nutzen, damit wir ggf. unsere Kurskorrekturen gut begründen können bzw. die Maßnahme wirklich auf das Ziel ausgerichtet halten?
- Welche Maßnahmen sollen »Aushängeschilder« werden und bei überzeugendem Erfolg in die Regelstrukturen überführt werden?

Auswahl der vertiefend zu untersuchenden Projekte in der Initiative LEIF

Aufgrund der begrenzten Ressourcen war es nicht möglich, alle Teilprojekte empirisch zu untersuchen. Es wurden deshalb drei Teilprojekte ausgewählt: die »Freiburger Forschungsräume«, die »Broschüre – Eltern, Kinder, Zukunft« und das Netzwerk »Bildung und Migration«. Über die Projektlaufzeit hinweg werden so verschiedene Instrumente erprobt, die perspektivisch auch auf die Steuerung und Qualitätssicherung anderer Struktur-, Netzwerk- oder Projektvorhaben der Stadt Freiburg übertragbar sind.

Es ist nicht einfach, den Aufwand von Qualitätsentwicklungsmaßnahmen realistisch einzuschätzen. Dabei sollte man sich stets die Frage stellen, was im Rahmen der finanziellen und personellen Ressourcen umgesetzt werden kann. Diese Abwägung führt zwangsläufig zu Kompromissen: Manch eine empirische Untersuchung wäre noch anschaulicher und aussagekräftiger, gäbe es zusätzliche qualitative Interviews mit den Beteiligten. Eine solche Untersuchung ist aber im Einzelfall vielleicht dennoch nicht zu leisten.

Das Untersuchungsdesign sollte auch aus einem weiteren Grund praktikabel gestaltet werden: Neben den Ressourcen, die die Konzeption und Umsetzung von Qualitätsentwicklungsmaßnahmen erfordern, müssen auch die der Personen beachtet werden, die an empirischen Untersuchungen teilnehmen. Wenn diese »Belastung der Partnerinnen und Partner« zu groß ausfällt, sinkt die Bereitschaft zur Mitarbeit. Das ist aus Sicht der für die Qualitätsentwicklung Verantwortlichen nicht immer leicht, doch gilt hier: besser ein etwas weniger umfangreiches Untersuchungsdesign mit zufriedenstellenden Rückläufen als ein perfektes Design, das wegen zu geringen Rücklaufs keine verwertbaren Ergebnisse liefert.
Carolin Busch, Stadt Freiburg, Mitarbeiterin der Initiative LEIF (Bildungsmonitoring)

4.2.3 Analyse von Netzwerkstrukturen

Eine Grundannahme von Bildungslandschaften lautet, dass Netzwerke dazu beitragen, strukturelle Verbesserungen für die Bildung in der Region nach

Optimierung von Vernetzungsprozessen

haltig zu etablieren. Außerdem soll Vernetzung einen Mehrwert darstellen zur nicht vernetzten Arbeitsweise. Die Effektivität der Summe aller Partner soll sich durch die Vernetzung erhöhen, wobei der Mehrwert in einem angemessenen Verhältnis von Aufwand und Nutzen stehen muss. Der Aufbau und die Konsolidierung eines Netzwerkes werden deshalb in Bildungslandschaften häufig angestrebt.

Die Entwicklung eines Netzwerks kann durch die Analyse seiner Strukturen auch Untersuchungsgegenstand sein. Die Netzwerkpartner können so ihre Wahrnehmung der Zusammenarbeit beurteilen. Zentrale Erfolgsfaktoren wie eine gemeinsame Vision, die Interaktionsdichte und -güte, die Steuerung und die Nachhaltigkeit der entwickelten Strukturen können über die Zeit hinweg analysiert werden. Die Ergebnisse ermöglichen es der Koordination, ein »Stimmungsbild« des Netzwerks zu erhalten, Störungen zu erkennen und ggf. rechtzeitig Gegenmaßnahmen einzuleiten.

Im Anhang 8 (S. 124) finden Sie ein Beispiel für ein ausgearbeitetes Erhebungskonzept und einen »Baukasten« zur Entwicklung eines Fragebogens für eine Netzwerkbefragung.

4.2.4 Leicht umsetzbare Erhebungsverfahren

Datenerhebung ohne vertiefte empirische Kenntnisse

Im Folgenden werden Verfahren vorgestellt, die nützliche Daten für interne Qualitätsentwicklungsverfahren generieren und ohne vertiefte empirische Kenntnisse entwickelt und eingesetzt werden können. Die Ergebnisse dieser Verfahren sind geeignet, um gemeinsam mit anderen Bildungsakteuren Verbesserungsansätze datenbasiert zu erörtern. Sie werden deshalb meist mit dem Zweck der »Optimierung« laufender Aktivitäten eingesetzt und stellen keinen Ersatz für empirische Untersuchungen dar, die eine sichere Datenbasis für weitreichende Entscheidungen liefern sollen, etwa die Einstellung oder Fortführung eines Projekts (vgl. Tabelle 15). Auch für die hier vorgestellten Verfahren sollten Erhebungskonzepte zeitnah zur Durchführung und ggf. mit beteiligten Akteuren erstellt werden.

Unterstützende Erhebungsinstrumente für Arbeitssitzungen und Workshops

In Bildungslandschaften besteht ein Bedarf an Instrumenten, die mit wenig Aufwand bei Arbeitsgruppen und Netzwerktreffen eingesetzt werden können und systematisch Rückmeldungen der Akteure erfassen. Für die Anwendung dieser auch als »konvivial« bezeichneten Erhebungsinstrumente sind keine vertieften Kenntnisse der empirischen Sozialforschung erforderlich. Analog zu Ivan Illichs konvivialen Technologien werden damit Datenerhebungsinstrumente bezeichnet, die mit wenig Aufwand entwickelt, eingesetzt und ausgewertet werden können, und bei denen ein Grundwissen über empirische Forschung ausreicht, um sie sicher zu beherrschen (vgl. Illich 1973). Auf diese Weise kann Steuerungswissen für die vernetzte, zuständigkeitsübergreifende und projektorientierte Zusammenarbeit generiert werden.

Feedbackpläne statt Fragebögen

Zur Verdeutlichung können Feedbackpläne als Beispiel dienen. Teilnehmende an Arbeitssitzungen finden diese häufig angenehmer als einen Fragebogen. Vorteile liegen in der unmittelbaren visuellen Rückmeldung und dem erheblich geringeren Aufwand der Auswertung. Die Teilnehmenden können im Anschluss an die Sitzungen verschiedene Aspekte mittels Klebepunkten bewerten (vgl. Abbildung 10). Zusätzlich können Leitfragen gestellt werden, um ergänzende Kommentare – z. B. auf »Post-its« – anzuregen:

- Was war heute Ihr persönliches Aha-Erlebnis?
- Was ist das Wichtigste, das heute in der Zusammenarbeit erreicht wurde?
- Was sollte zukünftig beibehalten werden, was sollte nicht mehr passieren?
- Wurde bisher etwas Wichtiges übersehen?
- Was sind aus Ihrer Sicht die nächsten wichtigen Schritte?

Abbildung 10: Feedbackplan für Arbeitssitzungen

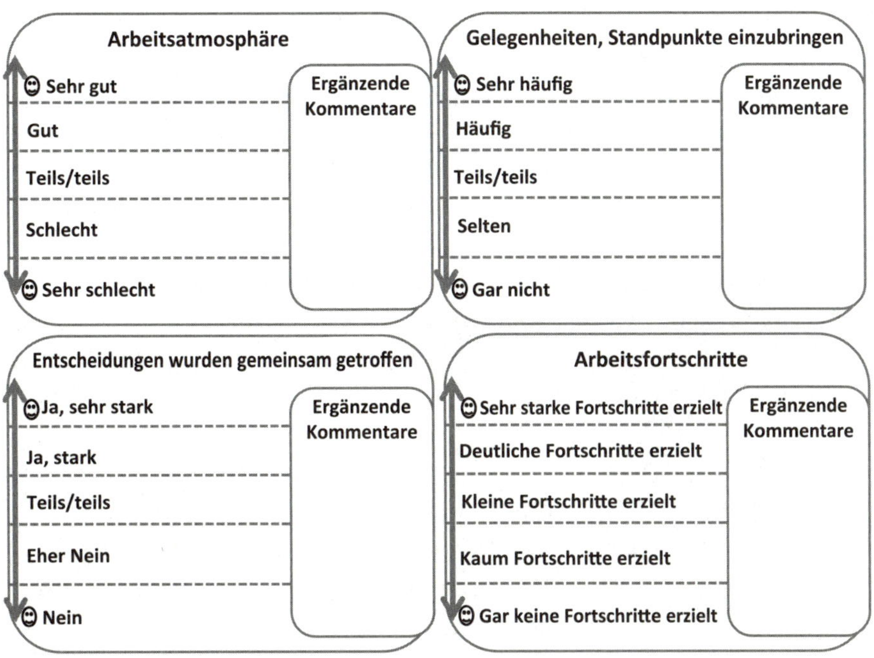

Der Einsatz von unterstützenden Erhebungsinstrumenten für Veranstaltungen unterschiedlicher Formate erfordert zunächst etwas Mut – besonders wenn sie nicht am Ende der Veranstaltung eingesetzt, sondern die Ergebnisse im Anschluss direkt in der Gruppe interpretiert werden. Wichtig sind präzise und eindeutige Hinweise zum Ausfüllen bzw. zur Nutzung des Instruments. Hierzu finden Sie im Anhang 9 Anregungen. Die dort dargestellten Methoden lassen sich flexibel den Bedingungen vor Ort und persönlichen Präferenzen von Moderierenden und Teilnehmenden anpassen, können zum Teil kombiniert oder auch in sich verfeinert werden.

Checkliste für selbst entwickelte Erhebungsinstrumente

Mit folgenden Kriterien lässt sich klären, ob sich die Erhebungsinstrumente für die Bedarfe vor Ort eignen (Auflistung orientiert an Beywl, Bestvater und Friedrich 2011):

- Das Instrument benötigt nur wenig zusätzlichen Aufwand, um in die Veranstaltung integriert zu werden (z. B. die Befestigung an einer Moderationswand).
- Das Instrument erfordert zum Ausfüllen bzw. Bearbeiten wenig Zeit, wenig Konzentration und wenig Material.
- Das Instrument ist (fast) selbsterklärend. Es hat »face validity« (augenscheinliche Gültigkeit), d. h., die Verbindung des Instruments zu den Zielen oder den Themen der Veranstaltung liegt auf der Hand. Die Relevanz der Fragen ist den Befragten unmittelbar einsichtig.
- Die Beteiligung (Rücklaufquote) ist für den Moderator bzw. die Moderatorin kontrollierbar.
- Das Instrument ist leicht konstruierbar (z. B. Moderationsmaterialien, Office-Anwendungen).
- Das Instrument ist noch während der Veranstaltung veränderbar (falls z. B. unerwartet ein neuer Aspekt erfragt werden soll, weil die Tagesordnung aufgrund unvorhersehbarer Ereignisse verändert wurde).
- Das Ergebnis wird unmittelbar visualisiert (Klebepunkte auf Plakaten) oder ist mit geringem Aufwand zu visualisieren (z. B. können in einer kurzen Pause Ergebnisse aus wenigen geschlossenen Fragen in vorbereitete Excel-Grafiken eingefügt werden).
- Die Teilnehmenden werden dazu angeregt, ihre Lernerfolge bzw. die Zielerreichung zu reflektieren.

> Im Anhang 9 (S. 131) finden Sie weitere Instrumente, die Sie in Veranstaltungen mit wenig Aufwand einsetzen können und bei denen Ergebnisse unmittelbar visualisiert werden.

Fragebögen zur Einschätzung der Zielerreichung

Eine weitere Möglichkeit, Befragungsinstrumente ohne vertiefte empirische Kenntnisse zu entwickeln, ist eine Einschätzung der Zielerreichung. Voraussetzung ist, dass Detailziele operationalisiert wurden.

Beim Einsatz von Fragebögen zur Einschätzung der Zielerreichung kann auch das Prinzip der Multiperspektivität (vgl. Kapitel 4.2.1) umgesetzt werden, indem Fragen an die Perspektive von Referentinnen, Referenten und

Teilnehmenden angepasst werden. Ergänzend können durch offene Fragen Anregungen und Kritik eingeholt werden. Die Tabellen 15 und 16 zeigen exemplarisch je einen Auszug aus einem Fragebogen für Referentinnen und Referenten sowie für Jugendliche, mit dem die Zielerreichung bei einer berufsorientierenden Maßnahme eingeschätzt wird.

Tabelle 15: Einschätzung der Zielerreichung bei berufsorientierenden Angeboten (Referentinnen und Referenten)

Die Jugendlichen haben sich intensiv mit dem Übergang Schule – Beruf auseinandergesetzt.		
Dieses Ziel wurde aus meiner Sicht …		*Kommentar/Begründung:*
… in vollem Umfang erreicht	☐	
… in zufriedenstellendem Umfang erreicht	☐	
… in nicht zufriedenstellendem Umfang erreicht	☐	
… gar nicht erreicht	☐	

Tabelle 16: Einschätzung der Zielerreichung bei berufsorientierenden Angeboten (Jugendliche)

Ich habe nach dem Besuch der Veranstaltung viel darüber nachgedacht, ob ich nach der 10. Klasse direkt eine Ausbildung beginnen möchte oder weiter zur Schule gehen will.		
Diese Aussage …		*Kommentar/Begründung:*
… trifft voll zu	☐	
… trifft eher zu	☐	
… trifft eher nicht zu	☐	
… trifft gar nicht zu	☐	

Fragengeleitete Dokumentenanalyse

Die Dokumentenanalyse wird häufig zu Beginn einer Projektkonzeption oder Evaluation durchgeführt, um sich in ein Themenfeld einzuarbeiten bzw. einen Überblick zu verschaffen. Sie erfordert keine besonderen empirischen Kenntnisse, jedoch ein strukturiertes und bei der Arbeit im Team detailliert abgestimmtes Vorgehen.

Dabei werden Daten untersucht bzw. ausgewertet, die bereits vorliegen. Meist werden schriftliche Quellen zur Beschaffung von Informationen herangezogen (Konzepte, Berichte, Zeitungen, Internetseiten etc.), es können aber auch Bilder, Fotos oder Videomitschnitte verwendet werden.

Vorteil einer Dokumentenanalyse ist die Verfügbarkeit der zu erhebenden Daten. Zudem ist die logistische Umsetzung unkompliziert, da außer den verantwortlichen Mitarbeitenden keine weiteren Personen am Analyseprozess beteiligt sind. Nachteile können entstehen, wenn die Datenquellen nicht aktuell sind oder den Informationsbedarf nicht vollständig abdecken. Durchgeführt werden die Analysen von Einzelpersonen oder in kleinen Teams. Folgende Schritte sollen Verantwortlichen von Bildungsbüros bzw. -initiativen eine Orientierung geben, wie eine Dokumentenanalyse geplant und umgesetzt werden kann:

Schritte zur Umsetzung einer Dokumentenanalyse

- Zur Planung sollte eine verantwortliche Person bestimmt oder ein kleines Team zusammengestellt werden (z. B. eine verantwortliche Mitarbeiterin des Bildungsbüros und Personen anderer Bildungsinstitutionen, die eine Fachexpertise im betreffenden Thema mitbringen).
- Zweck der Analyse sowie die leitenden Fragestellungen werden in diesem Team erarbeitet.
- Die Dokumente, die analysiert werden sollen, werden gesammelt und gesichtet. Im Zuge dessen werden Analyseraster entwickelt. Je nach Dokument und Fragestellungen kann so ein Raster aus unterschiedlichen quantitativen und qualitativen Kriterien bestehen. Geht es z. B. um die Frage, wie groß das Interesse von Eltern einer Grundschule an einer hochwertigen und ausgewogenen Mittagsverpflegung ist, kann bei Analyse der Protokolle von Elternabenden ein quantitativer Gesichtspunkt sein, auf wie vielen Elternabenden das Thema überhaupt besprochen wurde. Ein qualitatives Kriterium könnte sein, für wie dringlich ein besseres Angebot der Mittagsverpflegung dargestellt wird. Beides lässt sich später kombiniert darstellen, sodass nachvollzogen werden kann, wie im Rahmen von Elternabenden über die Mittagsverpflegung diskutiert wurde.

Die Ergebnisse können anschließend mit folgenden Leitfragen in der Schulkonferenz (Gremium, in dem Lehrkörper und Elternschaft vertreten sind) erörtert werden:

- Welche Einsichten geben uns die Daten im Hinblick auf unsere Fragestellung?
- Was muss aufgrund der Dokumentenanalyse noch näher untersucht werden?

> Im Anhang 10 (S. 135) finden Sie als Beispiel einer Dokumentenanalyse einen Vergleich von zwei Online-Portalen des Bildungsbüros im Kreis Paderborn.

4.3 Datenauswertung

Für statistische Auswertungsverfahren sollte dieselbe Regel gelten wie für Erhebungsverfahren: Wenden Sie nur die Verfahren an, bei denen Sie alle Schritte logisch nachvollziehen können! Personen ohne bzw. mit wenig Erfahrung im empirischen Arbeiten sollten auf Verfahren zurückgreifen, die nicht aufwendig ausgewertet werden müssen, sondern sich quasi »selbst auswerten« – wie die in Kapitel 4.2.4 vorgestellten »konvivialen« Instrumente oder Fragebögen, die sich auf die Abfrage einer Einschätzung beschränken.

Datenauswertung bei schriftlichen Befragungen

Die folgenden Ausführungen sollen einen Einblick zu deskriptiven Verfahren der Auswertung für quantitative Daten und inhaltsanalytischen Verfahren für qualitative Daten geben – anhand der am häufigsten angewendeten Methode: der schriftlichen Befragung per Fragebogen mit überwiegend geschlossenen und ergänzenden offenen Fragen. Dabei werden auch die Punkte angesprochen, an denen sich erfahrungsgemäß oft Nachlässigkeiten einschleichen (handlungspraktische Beschreibungen von Auswertungsverfahren für Personen ohne vertiefte empirische Kenntnisse finden sich in Beywl und Schepp-Winter 2000).

Welche Erhebungs- und Auswertungsverfahren auch angewandt werden: Bedenken Sie, dass Sie das Vorgehen und die Ergebnisse vorstellen, begründen und – bei kritischen Ergebnissen – verteidigen müssen. Es ist deshalb besonders wichtig, alle Schritte der Datenerhebung und -auswertung so zu dokumentieren, dass sie Außenstehenden verständlich und nachvollziehbar dargelegt werden können.

4.3.1 Vor der Datenerhebung

Die Auswertungsplanung sollte vor der Datenerhebung begonnen werden. Dadurch kann die Erhebung von Daten vermieden werden, die nicht für die ausgewählten Fragestellungen relevant sind.

Beschreibung der angestrebten Stichprobe und der Grundgesamtheit

Vorab sollte die Frage beantwortet werden, wie die angestrebte Stichprobe einer Befragung (alle Personen, die einen Fragebogen erhalten) aus der Grundgesamtheit gezogen wird. Die Grundgesamtheit entspricht allen Personen der Population, über die anhand der Ergebnisse Aussagen getroffen werden sollen (vgl. Bortz und Döring 1995):

- Beschreibung der Grundgesamtheit nach ausgewählten (relevanten) statistischen Merkmalen (z. B. Geschlecht, Alter)
- Beschreibung der angestrebten Stichprobe anhand der statistischen Merkmale der Grundgesamtheit (z. B. Vollzeit/Teilzeit bei Lehrkräften)

Bei Erhebungen im Rahmen interner Qualitätsentwicklung und Evaluation sollen sich Ergebnisse häufig nur auf die Teilnehmenden eines Projekts beziehen. Wird eine Vollerhebung angestrebt, so entspricht die angestrebte Stichprobe der Grundgesamtheit. In anderen Fällen muss man beachten, dass die bei einer Stichprobe erzielten Ergebnisse nur unter bestimmten Kriterien verallgemeinert (also auf die Grundgesamtheit übertragen) werden können (vgl. Bortz und Döring 1995).

Auswertungsplanung mit Zielsetzung und Fragestellungen

Zur Auswertungsplanung eignet sich eine Matrix, in der die im Fragebogen gestellten Fragen den Fragestellungen zugeordnet werden (vgl. Tabelle 17). Handlungsanleitende Fragen:

- Welche Fragen/Variablen gehören zu welcher Fragestellung? Welche Fragen sind Indikatoren für die Beantwortung der Fragestellung?
- Nach welchen Themen wird sich die Ergebnisberichterstattung gliedern?

Beschreiben Sie die statistischen Verfahren der quantitativen Auswertung, die Sie verwenden. Es gibt einfache und für Erhebungen in der Projektarbeit von Bildungsbüros und Bildungsinitiativen meist ausreichende deskriptive Verfahren:

- Häufigkeitsverteilungen: Balken-, Säulen- oder Kreisdiagramme
- Kreuztabellen: Inbeziehungsetzung zweier Merkmale, z. B. die Befragungsergebnisse von Frauen und Männern
- Mittelwertvergleiche: Vergleich der Mittelwerte in den Gruppen; Vorsicht: Bei Nominal- oder Rangskalen sollte der Median, bei Intervallskalen das arithmetische Mittel verwendet werden
- ggf. noch Streuwerte, um »Ausreißer« zu eliminieren
- Für die Auswertung der Antworten auf offene Fragen empfiehlt sich ein vereinfachtes inhaltsanalytisches Verfahren, die Text-Sortier-Technik (eine ausführliche Beschreibung findet sich in Beywl und Schepp-Winter 2000)

Tabelle 17: Exemplarische Auswertungsplanung eines Fragebogens

Fragestellung	Fragen des Fragebogens	Antwortmöglichkeiten	Auswertung
Wie zufrieden sind die Teilnehmenden mit den Veranstaltungen und Beratungsleistungen?	Durch die Teilnahme an der Auftaktveranstaltung wusste ich genauer, welche Unterstützung wir erhalten. Im Rahmen der landesweiten Informationsveranstaltung wurde gut darüber aufgeklärt, was wir für die Prüfung leisten müssen und was nicht. Die moderierten Gruppentermine waren hilfreich, um Anregungen für die Praxis zu erhalten.	jeweils trifft voll zu trifft eher zu trifft eher nicht zu trifft gar nicht zu	Fragen 1–3: Häufigkeitsverteilung in einem Balkendiagramm (100 %)
			Mittelwertvergleich Frage 1–3
			Kreuztabelle: Frage 2 mit 5
	Welche Anregungen zur Weiterentwicklung des Konzepts können Sie uns geben?	offene Antwort	inhaltsanalytisch (Text-Sortier-Technik)
Merkmale der Person	Welches Geschlecht haben Sie?	weiblich männlich	Kreisdiagramm

4.3.2 Nach der Datenerhebung

Rücklaufquoten: Beschreibung der erreichten Stichprobe

Beschreiben Sie die erreichte Stichprobe und vergleichen Sie sie mit der angestrebten Stichprobe. Eine Vergleichbarkeit ist Voraussetzung dafür, dass Sie anhand der Ergebnisse Schlussfolgerungen auf die angestrebte Stichprobe und – wenn die Stichprobe repräsentativ war – auf die Grundgesamtheit beziehen können.

- Beschreibung des Untersuchungsverlaufs
- angestrebte Rücklaufquoten – erreichte Rücklaufquoten
- Zusammensetzung der erreichten Stichprobe, statistische Angaben (Häufigkeiten, Kreuztabellen zu statistischen Merkmalen)
- Reflexion: Wieso haben z. B. nur 70 Prozent der Personen, die zur Befragung eingeladen wurden, geantwortet? Wer hat nicht geantwortet, und können die Ergebnisse auf die Auswahlgesamtheit generalisiert werden?

Auswertung quantitativer Befragungsergebnisse

Ab einer Anzahl von ca. zehn Fragebögen sollte zur Datenauswertung eine Software verwendet werden, da eine Auszählung per Strichliste schnell unübersichtlich wird. Zumindest die wichtigsten Ergebnisse sollten in Tabellen und durch ergänzende Diagramme belegt und veranschaulicht werden (vgl. Kapitel 5).

Alle ausgefüllten Fragebögen sollten per Hand mit einer Nummer versehen werden (bei Online-Befragungssoftware erfolgt dies automatisch), damit die Dateneingabe im Nachhinein kontrolliert und im Bedarfsfall auch Außenstehenden belegt werden kann.

Tabelle 18: Auszug aus einer Excel-Datenmaske zur Eingabe von Fragebögen

lfd. Nr. der ausgefüllten Fragebögen	**geschlossene Fragen**						**offene Fragen**	
	1.	**2.**	**3.**	**4.**	**5.**	**6.**	**7.**	**8.**
01	*Code eingeben*						*Antwort transkribieren*	
02								
03								
04								
05								
06								
etc.								

Die am meisten verbreitete professionelle Software zur Auswertung quantitativer Daten ist SPSS; sie ist jedoch für die oben genannte deskriptive Auswertung nicht zwingend notwendig. Eine Alternative ist Microsoft-Excel. Personen, die mit diesem Programm vertraut sind, können sich die Nutzung zur Datenauswertung leicht erschließen. Zunächst ist eine Datenmaske anzulegen (vgl. Tabelle 18). Antworten auf offene Fragen werden vollständig transkribiert und in die entsprechenden Zellen eingetragen. Für jede Antwortmöglichkeiten der Skala für geschlossene Fragen wird ein Code vergeben. Der Einfachheit halber empfehlen sich aufsteigende Zahlen (z. B. »1« für

»trifft voll zu«, »2« für »trifft eher zu«, »3« für »trifft eher nicht zu«, »4« für »trifft gar nicht zu«). In die Zellen für geschlossene Fragen wird dann jeweils nur der Code eingegeben. Über die Funktion »ZÄHLENWENNS« kann nun für jede Frage bzw. Spalte die Häufigkeit für die Codes bzw. Antwortmöglichkeiten angezeigt werden. Auch Mittelwerte lassen sich mithilfe von Excel berechnen.

Auswertung qualitativer Befragungsergebnisse

Zur Auswertung qualitativer Befragungsergebnisse müssen die Antworten in einem ersten Schritt transkribiert und in eine Tabelle überführt werden (z. B. in eine Excel-Datei wie in Tabelle 18). Anschließend werden Textpassagen thematischen Kategorien zugeordnet. Auf diese Weise werden die Antworten der Befragten zusammengefasst, übersichtlich dargestellt, und die zentralen Aussagen können schnell erfasst werden. Die Antworten werden darauf geprüft, ob sie aus einer oder mehreren Sinneinheiten bestehen. Enthält eine Antwort nur einen einzigen Aspekt, bleibt sie unverändert. Werden in einer Antwort mehrere Aspekte angesprochen, muss sie in einzelne Sinneinheiten zerlegt werden.

Der nächste Schritt ist die Entwicklung des Kategoriensystems. Dies ist das Herzstück einer qualitativen Auswertung. Alle Antworten (bzw. Sinneinheiten) werden mehrmals durchgelesen, um Ähnlichkeiten zu identifizieren. Schon beim ersten Durchlesen können Ideen für Kategorien schriftlich festgehalten und dann immer weiter verfeinert werden. Ziel ist es, inhaltlich homogene Kategorien zu bilden. Folgende Hinweise können dafür hilfreich sein:

- Ein grober Richtwert für die Anzahl der Kategorien ist maximal 10. Im Einzelfall können es auch weniger oder mehr sein. In einem ersten Schritt kann man sich auf Oberbegriffe beschränken. In weiteren Schritten können diese weiter differenziert werden.
- Alle Antworten müssen einer Kategorie zugeordnet werden können. Eine Kategorie »Sonstiges« kann als Zwischenspeicher dienen, sollte jedoch am Ende wieder in inhaltlich definierte Kategorien aufgelöst werden.
- Dichotomisierungen (z. B. gut/schlecht) werden vermieden. Erfahrungsgemäß ist es sehr selten möglich, alle Antworten einem der beiden Pole zuzuordnen. Außerdem geht es bei offenen Antworten in der Regel darum, ergänzende inhaltliche Erklärungen für einen Sachverhalt zu bekommen, was durch dichotome Kategorien verhindert wird.
- Vergegenwärtigen Sie sich immer wieder die Fragestellungen: Was trägt diese oder jene Kategorie zur Beantwortung der Fragestellungen bei? Welchen Nutzen haben die Adressaten der Evaluationsergebnisse von den Kategorien?

5 Ergebnisse nutzen

Die Nutzung der Ergebnisse von internen Qualitätsentwicklungsprozessen und Evaluationen bildet den Abschluss dieses Leitfadens. Im Kern geht es dabei darum – wie bereits bei den Abstimmungsprozessen zur Wirkungsorientierung (vgl. Kapitel 3.1 bis 3.5) –, mit den relevanten Bildungsakteuren der Region in einen strukturierten Diskurs über Gelungenes und den Entwicklungsbedarf zu treten, sowohl über die strategische Ausrichtung der Bildungslandschaft als auch hinsichtlich gemeinsam durchgeführter Projekte und zukünftiger Vorhaben.

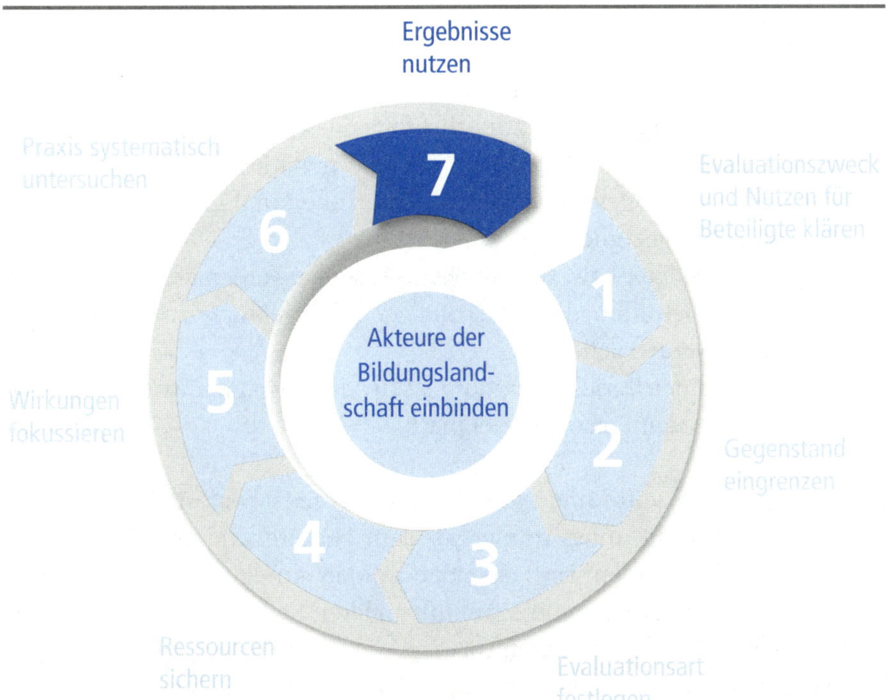

Netzwerkkoordination in der Initiative LEIF

Kommunikation, Kommunikation, Kommunikation – Überzeugungsarbeit leisten: Bei der Einschätzung der für Qualitätsentwicklungsmaßnahmen zur Verfügung stehenden Ressourcen spielt die Kommunikation eine besondere Rolle. Es kann viel Zeit und Überzeugungsarbeit kosten, alle Bildungsakteure für die Idee der Maßnahme zu gewinnen. Je nach Zusammensetzung der Beteiligten müssen sich verschiedene Kulturen zunächst einander annähern. Während die eine Partei sich ein Vorhaben ohne Qualitätsentwicklung schon gar nicht mehr vorstellen kann, stellt sich die andere vielleicht zum ersten Mal einer systematischen Untersuchung und empfindet diese eher als Zumutung denn als Chance. Auch hier ist die Zielearbeit ein wichtiger erster Schritt: Sie bewirkt, dass sich alle auf eine Vision und entsprechende Ziele ausrichten.

Darüber hinaus ist es zentral, den Prozess transparent zu gestalten und die Partnerinnen und Partner immer wieder einzubeziehen. Die Abstimmung von Untersuchungskonzepten oder die gemeinsame Diskussion und Interpretation der Ergebnisse unterstützen die Transparenz und das Commitment. Ziel ist, dass alle Beteiligten Ergebnisse für sich nutzen lernen und nutzen wollen – dass sie sich fragen: Was bedeutet dieses oder jenes Ergebnis für das gemeinsame Vorhaben oder für meine Institution? Wo liegen jetzt Chancen für die Gestaltung der weiteren Arbeit?

Carolin Busch, Stadt Freiburg, Mitarbeiterin der Initiative LEIF (Bildungsmonitoring)

Fachliche Diskurse auf Grundlage von Evaluationsergebnissen

Für die Initiierung von fachlichen Diskursen und Entscheidungsprozessen in der Bildungslandschaft sind zunächst folgende Fragen zu beantworten:

- Welche Bildungsakteure sollen bei der Interpretation der Ergebnisse einbezogen werden? Welche Ansprechpartnerinnen und -partner sind dafür zuständig bzw. geeignet?
- An welchen Stellen bzw. von welchen Personen werden strategische Entscheidungen getroffen, die auf Grundlage der Ergebnisse angestrebt (bzw. vermieden) werden sollen?
- Welche Form der Berichterstattung ist für die verfolgten Zwecke und die einzubeziehenden Personen geeignet?

Welche Bildungsakteure und ggf. strategischen Entscheidungsverantwortlichen man einbezieht, muss immer vor dem Hintergrund des spezifischen Falls entschieden werden. Im Folgenden werden Anregungen gegeben, wie Ergebnisse berichtet und gemeinsam mit anderen Stakeholdern erörtert werden können. Zwei Empfehlungen vorweg:

- In jedem Fall gilt als oberste Prämisse: Die Ergebnisse sollten zeitnah, klar strukturiert und verständlich rückgemeldet werden.

- In Bildungsbüros und -initiativen sollten einheitliche Standards und eine Gliederung für die Berichterstellung entwickelt werden, damit die Ergebnisse im Nachhinein bei Bedarf zusammengeführt werden können.

Ergebnisse auch an die Datengebenden rückmelden

Aus Gründen der Fairness und um den Wert der Mitwirkung zu verdeutlichen, sollten die Ergebnisse aus Erhebungen auch an die Datengebenden rückgemeldet werden, etwa die teilnehmenden Schülerinnen und Schüler eines Projekts. Hier muss eine zielgruppenspezifisch passende Form gewählt werden. Häufig eignen sich kurze Zusammenfassungen sowie eine Erläuterung, welche Schlussfolgerungen bzw. Maßnahmen aufgrund der Ergebnisse getroffen wurden. Auch die gemeinsame Interpretation von Ergebnissen mit Zielgruppenmitgliedern kann im Einzelfall sehr hilfreich sein, ggf. können sie zu Auswertungsworkshops eingeladen werden (vgl. Kapitel 5.3).

5.1 Berichtsformate

Berichtsformat: orientiert an den Bedürfnissen der Adressaten

Bei der Wahl des Berichtsformats schließt sich wieder der Kreis zum Zweck und zu den Adressaten, die für eine Evaluation bzw. eine Erhebung festgelegt wurden. Beim Zweck »Rechenschaftslegung« sind die Adressaten meist mittelgebende Institutionen, die häufig einen schriftlichen Bericht erwarten. Wenn weitreichende Entscheidungen auf Basis der Ergebnisse getroffen werden sollen, ob von Vorgesetzten der eigenen Organisation oder von externen Stellen, ist ebenfalls ein Bericht zu empfehlen. Nur so ist es möglich, alle relevanten Aspekte genau zu dokumentieren.

Neben den Ergebnissen gehört dazu vor allem das methodische Vorgehen, um die Adressaten in die Lage zu versetzen, die systematische und an Regeln orientierte Vorgehensweise zu erkennen und die Belastbarkeit der Ergebnisse zu beurteilen. Wenn bei der Konzeption der Erhebungen sorgfältig gearbeitet wurde, ist der Aufwand für schriftliche Berichte kleiner als zunächst angenommen. Mit Ausnahme der Ergebnisse und Schlussfolgerungen wurden in Konzepten und Arbeitspapieren bereits alle relevanten Punkte beschrieben und müssen nur übertragen werden. Folgende Gliederung bietet sich für Berichte an:

1. Management Summary (Zusammenfassung der zentralen Ergebnisse)
2. Gegenstand der Erhebung
3. Methodisches Vorgehen
4. Ergebnisse der Erhebung
5. Schlussfolgerungen und Empfehlungen

Ein ausführlicher schriftlicher Bericht ist jedoch nicht immer notwendig. Insbesondere wenn der Zweck der »Optimierung/Verbesserung« verfolgt wird und die Ergebnisse an Kolleginnen und Kollegen der Bildungslandschaft adressiert werden, sind Präsentationen und kurze Zusammenfassungen der Ergebnisse geeignete Alternativen.

Im Anhang 11 (S. 138) finden Sie eine Präsentation des Freiburger QS-Systems anlässlich eines Kooperationstreffens Freiburg/Aachen.

Im Anhang 12 (S. 142) finden Sie einen Kurzbericht des Bildungsbüros im Kreis Gütersloh zur Evaluation des Projekts »Erweiterung der Sprachkompetenz kooperativ im Modell« (ESkiMo).

Im Anhang 13 (S. 145) finden Sie einen Kurzbericht des Bildungsbüros im Kreis Lippe zur Evaluation des Projekts »Förderung rechenschwacher Schüler/-innen in Lippe« (FörSchL).

5.2 Darstellung von Ergebnissen

Im Folgenden geht es um Tipps und Hinweise zur Darstellung von Ergebnissen in ausführlichen Berichten, Kurzberichten oder Präsentationen.

Geeignete Diagrammtypen zur Visualisierung quantitativer Daten

Die Darstellung soll das Ergebnis verdeutlichen und nicht die Interpretation erschweren oder beeinflussen. Für die Beschreibung von quantitativen Daten (vgl. Kapitel 4.3.2) sind grafische Darstellungen empfehlenswert. Je nach Art der Ergebnisse müssen geeignete Diagrammtypen gewählt werden. Hier die wichtigsten Eckpunkte:

- Bei Ergebnissen, deren Einzelwerte sich auf 100 Prozent summieren (z. B. Geschlechterverteilung in der Stichprobe), sollten Kreisdiagramme gewählt werden oder Balkendiagramme (bei denen sich die einzelnen Segmente auf 100 Prozent addieren). Letztere sind günstig, wenn mehrere Fragen zu einer Fragestellung in einem Diagramm dargestellt werden sollen.
- Bei Mehrfachantworten, deren Werte sich nicht auf 100 Prozent summieren, dürfen keine Kreis- oder Balkendiagramme wie o. g. genutzt werden. Stattdessen sind einfache Balken- oder Säulendiagramme zu empfehlen. Bei Säulendiagrammen sollte berücksichtigt werden, dass oft ein Trend bzw. eine zeitliche Abfolge suggeriert wird.
- Um wirkliche Trends über eine Zeit hinweg darzustellen, sollten Linien- oder ggf. Flächendiagramme eingesetzt werden.

Diagramme können farblich gestaltet werden. Dabei müssen Sie nicht die Voreinstellungen der verwendeten Software beibehalten. Sowohl in Excel als auch in Powerpoint ist die Formatierung jedes einzelnen Elements des Diagramms möglich. Es empfiehlt sich, ein Farbschema zu wählen, das die Interpretation des Diagramms erleichtert. Rot kann beispielsweise für kritische oder überraschende Ergebnisse genutzt werden, grüne oder auch blaue Farbtöne können positive, erwartete bzw. nicht besorgniserregende Ergebnisse abbilden. In jedem Fall sollten Sie eine einheitliche Farbsymbolik für alle eingesetzten Diagramme benutzen. Vermeiden Sie »Spielereien«, die eine Interpretation oft eher erschweren.

Für die Weitergabe von Ergebnisdaten gilt, dass größtmögliche Transparenz erzielt werden soll. In einem Diagramm muss deshalb stets die Anzahl der Personen, auf die sich die dargestellten Daten beziehen, beigefügt sein (n = XX, Personen haben auf diese Frage geantwortet).

Tipps zur Darstellung von Ergebnissen aus qualitativen Daten

Bei qualitativen Daten kann infolge einer inhaltsanalytischen Auswertung (vgl. Kapitel 4.3.2) als erstes Ergebnis in einer Tabelle die Anzahl der Antworten in den gebildeten inhaltlichen Kategorien festgehalten werden. Der zweite Schritt besteht darin, je eine Kurzbeschreibung zu erstellen, in der die Antworten einer Kategorie zusammenfassend wiedergegeben werden. Die Präsentation sollte zu jeder Kategorie ein bis drei exemplarische Zitate enthalten, um die Ergebnisse zu illustrieren.

Beim Zweck der »Wissensgenerierung« kann keine allgemeingültige Empfehlung für das Berichtsformat gegeben werden. Je nach Adressaten kann eine ausführliche oder zusammenfassende Form sinnvoll sein. Ohnehin wird dieser Zweck im Rahmen von internen Qualitätsentwicklungsmaßnahmen und Evaluationsvorhaben selten verfolgt. Schließlich geht es bei externen Qualitätsentwicklungsmaßnahmen darum, neues Fachwissen zu generieren, das in der Regel bei der Konzipierung von Folgeaktivitäten genutzt wird oder in Fachdiskurse eingebracht werden soll.

5.3 Auswertungsworkshop

In Netzwerken eignen sich Workshops zur Ergebnisinterpretation

In netzwerkartigen Strukturen wie Bildungslandschaften sollten die Ergebnisse idealerweise in Workshops vorgestellt und gemeinsam diskutiert werden. Auch wenn schriftliche Berichte zur Rechenschaftslegung oder Entscheidungsfindung erstellt werden müssen, kann ein Workshop geeignet sein, um zusätzliche Fachexpertise (Expertenworkshop) einzuholen oder die Ergebnisse von Mitarbeitenden oder Zielgruppen eines Projekts interpretieren zu lassen. Dann ist es sinnvoll, das abschließende Kapitel »Schlussfolgerungen und Empfehlungen« erst im Anschluss an einen solchen Workshop zu verfassen. Folgende Schritte sind bei der Planung und Durchführung eines Workshops zu beachten:

Checkliste zur Planung eines Auswertungsworkshops

- Versenden Sie eine Einladung an die relevanten Bildungsakteure und ggf. strategischen Entscheidungsverantwortlichen per Post oder E-Mail mit ausreichendem zeitlichen Vorlauf.
- Übermitteln Sie die Ergebnisse in Form einer Zusammenfassung (Präsentation) oder eines Berichtsentwurfs im Vorfeld des Workshops an alle Eingeladenen, ebenfalls mit ausreichendem zeitlichen Vorlauf.
- Finden Sie eine klare Rollenverteilung für die Moderation:
  - Die Ergebnisse sollten von Personen vorgestellt werden, die für die Datenerhebungen und -auswertungen verantwortlich bzw. daran beteiligt waren. Dies gewährleistet, dass auf direkte Nachfragen zum Ablauf der Erhebung und zu den Ergebnissen souverän reagiert werden kann.
  - Für die Moderation empfiehlt sich eine neutrale und moderationserfahrene Person, die nicht direkt an der Durchführung der Erhebung und Auswertung oder am Projekt, in dem die Erhebung durchgeführt wurde, beteiligt war. Vor allem bei strittigen Debatten trägt dies dazu bei, einen sachlichen und wertschätzenden Diskussionsablauf aufrechtzuerhalten.
  - Die Diskussion sollte von einer weiteren Person detailliert protokolliert werden, um die Anregungen anschließend systematisch prüfen zu können.

Leitfragen zur Diskussion von Ergebnissen im Auswertungsworkshop

Die Moderation des Workshops sollte darauf hinwirken, dass die Diskussion der Ergebnisse im Mittelpunkt steht. Eine Diskussion des methodisch-empirischen Vorgehens führt ohne Beteiligung von Fachleuten meist wenig weiter und kann in der Regel vermieden werden, indem das Vorgehen nachvollziehbar und anschaulich erläutert wird. Ist Kritik an der Methode zu erwarten – ob berechtigt oder nicht –, ist es hilfreich, einen Experten bzw. eine Expertin hinzuzuziehen, die Korrekturbedarfe offen anspricht und Lösungen anbieten kann. Folgende Leitfragen können als Anregung zur Diskussion der Ergebnisse dienen:

- Inwieweit entsprechen die Ergebnisse Ihren Erwartungen? Was hat Sie überrascht?
- Wie beurteilen Sie die Relevanz der Ergebnisse für unsere weitere Zusammenarbeit und/oder für zukünftige Projekte?
- Welche Ergebnisse sind unklar oder aus Ihrer Sicht nicht eindeutig zu bewerten?
- Inwieweit wurden die Projektziele erreicht?
- Was bzw. welche Interventionen trugen zum Erreichen der Ziele bei? Was ist uns besonders gut gelungen?
- Welche Schwierigkeiten gab es? Welche konzeptionellen und organisatorischen Veränderungen im Projekt sind angebracht? Wie sollte dieses Projekt weitergeführt werden?
- Was können wir aus den Ergebnissen für die Folgeprojekte lernen?

- Welche Überarbeitungen bzw. Verbesserungen an der Berichterstattung sind aus Ihrer Sicht notwendig?
- Blitzlicht zum Abschluss: Welcher Aspekt aus unserer Diskussion war für Sie der wichtigste?

Um die Ergebnisverwendung gezielt zu unterstützen, sollten Workshops auch gewissenhaft nachbereitet werden:

Nachbereitung eines Auswertungsworkshops

- Der Bericht bzw. die Ergebnispräsentation wird aufgrund der erhaltenen Anregungen überarbeitet.
- Der überarbeitete Bericht bzw. die Ergebnispräsentation wird allen Teilnehmenden des Workshops übermittelt.
- Es wird eine Bestätigung des Empfangs eingeholt, ggf. mit der Nachfrage, ob alles korrekt wiedergegeben wurde, und dem Angebot, weitere Anregungen aufzunehmen.
- »Lessons learned« werden im Mitarbeiterteam erörtert und ggf. werden die Planungen zukünftiger Erhebungen angepasst.

6 Anregungen und Handlungsempfehlungen

Positive Erfahrungen mit Qualitätsentwicklung in Freiburg und OWL

In den Bildungslandschaften in der Region Ostwestfalen-Lippe (OWL) und der Stadt Freiburg wurden sehr gute Erfahrungen damit gemacht, die Entwicklung eines Leitbilds auf strategischer Ebene, eine wirkungsorientierte Steuerung der Bildungslandschaft und den Aufbau von Kompetenzen zur Qualitätsentwicklung und Evaluation von Beginn an miteinander zu verbinden. Die angestrebten und erzielten Wirkungen systematisch zu konkretisieren, zu beschreiben und zu bewerten ermöglichen es dort, die strategische Ausrichtung der Bildungslandschaft mit dem fachlichen Handeln zu verknüpfen.

Qualitätsentwicklung und Evaluation unterstützen die Reflexion, Steuerung und professionelle Verständigung, helfen Kräfte zu bündeln und fachliches Handeln überprüfbarer, transparenter und verbindlicher zu gestalten. Auf diese Weise wurde zu einer klaren strategischen Ausrichtung der Bildungslandschaft und einer kontinuierlichen Praxis- und Qualitätsentwicklung beigetragen. Zusätzlich ermöglichen es Ergebnisse aus der Qualitätsarbeit, die Aktivitäten nach außen darzustellen und über die investierten Ressourcen Rechenschaft abzulegen.

Leitbildentwicklung und Aufbau von Strukturen zur strategischen Steuerung

Die in OWL und Freiburg aufgebauten Strukturen der strategischen und operativen Steuerung sowie der Bildungskonferenz mit breiter Beteiligung regionaler Akteure sind eine unverzichtbare Voraussetzung, um die Bildungslandschaften wirkungsorientiert zu gestalten. Folgende Anregungen und Handlungsempfehlungen lassen sich für den Transfer auf andere Regionen ableiten:

- Besetzen Sie die Steuerungsorgane mit Personen, die willens und kompetent sind, Aushandlungsprozesse am gemeinsamen Ziel auszurichten und sie gemeinschaftlich im Dialog auf Augenhöhe zu gestalten. Zudem sollten Mitglieder der Steuerungsgremien Sach- und Fachkompetenz in Bildungsfragen mitbringen sowie Durchsetzungs- und Integrationskompetenz hinsichtlich des Bildungssystems und seiner Institutionen.

- Der Aufbau eines Bildungsberichtswesens sollte mit der Implementierung von Qualitätsentwicklungsverfahren und Evaluation verknüpft werden. Indem Sie Ressourcen bereitstellen und die Arbeitsaufträge festlegen, unterstützen Sie gezielt eine Klärung, wie die Anschlussfähigkeit zwischen beiden Systemen entwickelt werden kann und wie Ergebnisse wechselseitig genutzt und ausgetauscht werden können.
- Verknüpfen Sie den Erarbeitungsprozess eines Leitbilds für die Bildungslandschaft mit dem Aufbau von Kompetenzen zur Qualitätsentwicklung und Evaluation in den Bildungsbüros bzw. -initiativen und den Bildungsinstitutionen. Die Ergebnisse aus Qualitätsentwicklungsverfahren sollten in die strategischen Gremien eingebracht und genutzt werden. Wenn der Nutzen interner Qualitätsentwicklung und Evaluation in Bildungsinstitutionen deutlich wird, steigert dies die Motivation der beteiligten Akteure, sich auch künftig zu beteiligen bzw. Unterstützung zu leisten.
- Kommunizieren Sie Ihr Vorgehen auch in den politischen Kontext. Gehen Sie offensiv damit um, dass Sie die Qualität Ihrer Arbeit systematisch entwickeln. Sprechen Sie über Wirkungen, die Sie auslösen möchten und ausgelöst haben.

Aufbau von Kompetenzen und Verfahren der Qualitätsentwicklung

Um die Leitbildentwicklung mit einer Wirkungsorientierung zu verknüpfen und Kompetenzen zur Qualitätsentwicklung und Evaluation aufzubauen, ist eine klare Strategie notwendig, zudem periodische Reflexionen und das Bereitstellen von fachlichen Unterstützungsleistungen. Für all diese Aspekte ist externe Beratung hilfreich.

- Entscheiden Sie vor dem Hintergrund der örtlich vorhandenen Ressourcen, welche Qualitätsentwicklungsverfahren implementiert und wie sie umgesetzt werden. Der Aufbau von internen Kompetenzen ist dabei immer zentral, auch wenn zusätzlich empirische Untersuchungen und Studien beauftragt werden können. Grundlegende Anforderungen an die intern verantwortliche Person:
  - eine gute Orientierung im Bildungsbereich
  - Kompetenzen zum Qualitätsmanagement und zur Evaluation sowie zur Beurteilung der Qualität von externen Beratungsleistungen und empirischen Studien
- Die Leitungen und Mitarbeitenden von Bildungsbüros bzw. -initiativen sollten grundlegend für die Qualitätsarbeit geschult werden. Dies ist eine zwingende Voraussetzung, reicht allein jedoch nicht aus, um die Kompetenzen nachhaltig zu entwickeln. Die eigene Evaluationspraxis muss sich darauf aufbauend schrittweise entwickeln und professionellen Ansprüchen nähern können. Anschließend an eine grundlegende Qualifizierung benötigen die Leitungen und Mitarbeitenden bedarfsgerechte Beratung und Begleitung, um konkrete Fragen aus der Praxis klären zu können, z. B. wie bei einem bestimmten Projekt die Stichprobe für eine Befragung

gezogen werden kann. Diese Beratungsleistungen sollten durch Formen der kollegialen Beratung ergänzt werden.

- Suchen Sie Unterstützung bei Institutionen, die über Know-how verfügen und eine Bildungslandschaft beraten und unterstützen können. Besonders wichtig für den Aufbau und die Entwicklung einer Evaluationskultur sind das Bewusstsein und Handeln der Leitung (vgl. Kapitel 3.4).
- Der Aufwand für Qualitätsentwicklungsmaßnahmen sollte weitsichtig geplant und realistisch eingeschätzt werden. Die finanziellen Ressourcen bilden hier häufig eine »systemimmanente Bremse«. Doch auch die personellen Ressourcen dürfen nicht überlastet werden. Der Aufwand, der für die einzelnen Bildungsakteure entsteht, muss in angemessenem Verhältnis zur operativen Bildungsarbeit stehen. Mehrfache Beteiligungen von Zielgruppenmitgliedern an Erhebungen sollten möglichst vermieden werden.
- Häufig gibt es in der Praxis einer Bildungslandschaft, in den beteiligten Institutionen oder dem Bildungsbüro bereits Erfahrungen mit Qualitätsentwicklungsmaßnahmen (extern beauftragt oder eigenverantwortlich durchgeführt). Vermutlich standen sie aber nicht in einem bewussten Zusammenhang im Sinne einer regionalen Zielklärung. Trotzdem sind diese Erfahrungen ggf. relevant. Oft ergeben sich über eine solche Bestandsaufnahme Ansatzpunkte für eine Fortsetzung, Verknüpfung, Systematisierung oder Eröffnung noch unbekannter Ressourcen.

Bildungslandschaften wirkungsorientiert steuern

Aus methodischer Sicht sind folgende Faktoren für die Implementierung von Qualitätsentwicklung und Evaluation festzuhalten:

- Klären Sie gemeinsam mit zentralen Bildungsakteuren der Region den Zweck der Maßnahmen und konkretisieren Sie, welche Nutzen die Beteiligten erwarten können. Führen Sie einen Abgleich durch, welche Nutzen realistischerweise erreicht werden können. Für alle relevanten Akteure sollte transparent sein, welche Personen bzw. Gruppen in welcher Form von den Qualitätsentwicklungs- und Evaluationsmaßnahmen profitieren. Ergebnisse sollten nicht zur bloßen Legitimation politischer Entscheidungen verwendet werden. Der Wille zur Veränderung der Praxis muss vorhanden sein.
- Klären Sie gemeinsam mit den relevanten Bildungsakteuren die Grenzen und Möglichkeiten der implementierten Verfahren.
- Der Zielklärungsprozess sollte mit breiter Beteiligung von Bildungsakteuren der Region initiiert werden. Wenn Ziele konsequent auf Outcomes und Impacts ausgerichtet werden, entsteht ein zukunfts- und lösungsorientiertes Steuerungsinstrument. Es wird deutlich, was in Zukunft besser sein soll. Das setzt Motivation frei und erhöht die Bereitschaft zur Zusammenarbeit. Eine Zielklärung, die nur Zuständigkeiten festlegt und Aufgaben für einzelne Akteure definiert, kann gegenteilige Effekte haben – Bil-

dungsinstitutionen empfinden sie als Eingriff in ihre Autonomie, und eine ablehnende Haltung ist wahrscheinlich. Ziele sollten nach gewisser Zeit in einer neuen Prozessschleife daraufhin geprüft werden, ob sie noch den aktuellen Bedarfen und Kontexten entsprechen, noch allen relevanten Akteuren bekannt sind und von ihnen weiter mitgetragen werden.

- Beginnen Sie mit kleinen und klar abgegrenzten internen Evaluationsvorhaben und Selbstevaluationen, z. B. indem nicht alle Maßnahmen eines Bildungsbüros untersucht werden. Auch im Rahmen einer Maßnahme können Selbstevaluationen sich beispielsweise auf einzelne Veranstaltungen einer Veranstaltungsreihe beschränken.
- Die Datenhoheit und Ergebnisverwendung sollten verbindlich vereinbart werden: Unklare oder fehlende Vereinbarungen ohne Orientierung am Bedarf potenzieller Nutzerinnen und Nutzer schmälern die Relevanz von Ergebnissen.
- Beziehen Sie die Perspektiven der unterschiedlichen Gruppen im Bildungssystem in Ihre Datenerhebungen ein: z. B. strategisch Verantwortliche, Lehrkräfte, Lernende. Einschätzungen und Bewertungen müssen zielgruppenadäquat eingeholt werden, Ergebnisse sollten von Datengebenden und Bildungsakteuren kommentiert und ergänzt werden können.
- Die Zweck- und Zielklärung sowie die Datenerhebung und -auswertung müssen dokumentiert und transparent dargestellt werden. Es gibt immer Kritiker, insbesondere wenn Besitzstände gefährdet sind oder negative Ergebnisse zu einzelnen Projekten vorliegen. Eine sorgfältige Dokumentation vorausgesetzt, können Einwände zum methodischen Vorgehen fundiert beantwortet werden.
- Schützen Sie sich davor, dass Ihre Ergebnisse für andere als die festgelegten Zwecke genutzt werden. Ergebnisse aus Selbstevaluationen dienen in der Regel der Reflexion und Verbesserung der eigenen Praxis und sind nicht dafür geeignet, dass auf ihrer Grundlage weitreichende Entscheidungen getroffen werden, z. B. die Einstellung eines Projekts.
- Führen Sie nur empirische Arbeiten durch, die Sie verstehen und nachvollziehen können. Nutzen Sie einfache Erhebungsinstrumente und Auswertungsverfahren, suchen Sie standardisierte Instrumente, ziehen Sie fachliche Beratung hinzu.
- Wissenschaftlich Tätige wissen nicht unbedingt besser, wie man Bildungspraxis besser macht. Aber Sie können ihr Wissen nutzen: Nehmen Sie Anregungen auf, diskutieren Sie sie kritisch, um Bildungspraxis mit Ihrer Erfahrung und Ihrem Know-how weiterzuentwickeln.
- Suchen Sie immer wieder die Kommunikation mit den regionalen Bildungsakteuren und Entscheidungsträgern. Leisten Sie Überzeugungsarbeit für Qualitätsentwicklung und Evaluation. Haben Sie einen langen Atem: Ressourcen sind in Bildungsinstitutionen vielfach knapp, Organisationskulturen und Erfahrungen zur Qualitätsarbeit unterscheiden sich.

Lenken Sie den Blick auf die Chancen, die sich durch eine systematische Qualitätsentwicklung und Evaluation für die Gestaltung der Bildungspraxis ergeben.

Wir sind davon überzeugt, dass Bildungslandschaften bessere Chancen für die Bildung und Selbstverwirklichung der Menschen einer Region schaffen können, wenn sie als lebendiger Prozess gemeinsam mit den Bildungsakteuren der Region entwickelt werden. Wir hoffen, dass wir Ihnen hilfreiche Anregungen geben konnten, wie Sie die erforderlichen Aushandlungsprozesse und sachorientierten Dialoge initiieren, steuern und mit nützlichen Ergebnissen durchführen können.

Literatur

Altrichter, Herbert, Thomas Brüsemeister und Jochen Wissinger. *Educational Governance: Handlungskoordination und Steuerung im Bildungssystem.* Wiesbaden 2007.

Bertelsmann Stiftung. *Kommunale Netzwerke für Kinder. Ein Handbuch zur Governance frühkindlicher Bildung.* Gütersloh 2008.

Beywl, Wolfgang, und Melanie Niestroj. »Der Programmbaum – Landmarke wirkungsorientierter Evaluation«. *Das A-B-C der wirkungsorientierten Evaluation. Glossar – Deutsch/Englisch – der wirkungsorientierten Evaluation.* Hrsg. Wolfgang Beywl und Melanie Niestroj. Köln 2009. 137–149.

Beywl, Wolfgang, und Ellen Schepp-Winter. *Zielgeführte Evaluation.* Bonn 2000.

Beywl, Wolfgang, Hanne Bestvater und Verena Friedrich. *Selbstevaluation in der Lehre. Ein Wegweiser für sichtbares Lernen und besseres Lehren.* Münster 2011.

Beywl, Wolfgang, Jochen Kehr, Susanne Mäder und Melanie Niestroj. *Evaluation Schritt für Schritt.* Heidelberg 2007.

Bildungskommission NRW. *Zukunft der Bildung – Schule der Zukunft.* Freiburg 1995.

Bleckmann, Peter, und Anja Durdel (Hrsg.). *Lokale Bildungslandschaften: Perspektiven für Ganztagsschulen und Kommunen.* Wiesbaden 2009.

Bleckmann, Peter, und Volker Schmidt (Hrsg.). *Bildungslandschaften: Mehr Chancen für alle.* Wiesbaden 2011.

Bortz, Jürgen, und Nicola Döring: *Forschungsmethoden und Evaluation.* Berlin 1995.

Bundesministerium für Bildung und Forschung. *Konzeptionelle Grundlagen für einen Nationalen Bildungsbericht.* Berlin 2004.

Deutsches Jugendinstitut. *Wirkungsevaluation in der Kinder- und Jugendhilfe. Einblicke in die Evaluationspraxis.* München 2006.

Flick, Uwe. *Triangulation: eine Einführung.* Wiesbaden 2008.

Genosko, Joachim. *Netzwerke in der Regionalpolitik.* Marburg 1999.

Gesellschaft für Evaluation. *Empfehlungen für Auftraggebende von Evaluationen.* Mainz 2007. www.degeval.de/publikationen/auftraggebende-von-evaluationen (Download 24.4.2012).

Gesellschaft für Evaluation. *Empfehlungen zur Anwendung der Standards im Handlungsfeld der Selbstevaluation.* Mainz 2004. www.degeval.de/publikationen/auftraggebende-von-evaluationen (Download 24.4.2012).

Gesellschaft für Evaluation. *Standards für Evaluation.* Mainz 2001. www.degeval.de/publikationen/auftraggebende-von-evaluationen (Download 24.4.2012).

Heiner, Maja. *Qualitätsentwicklung durch Evaluation.* Freiburg 1996.

Illich, Ivan. *Selbstbegrenzung. »Tools for conviviality«. Eine politische Kritik der Technik.* Reinbek 1973.

König, Joachim. *Einführung in die Selbstevaluation.* Freiburg 2007.

Lohre, Wilfried, Mark Becker, Petra Madelung, Detlev Schnoor und Katrin Weisker. *Selbstständige Schulen in regionalen Bildungslandschaften. Eine Bilanz.* Köln 2008.

Luthe, Ernst-Wilhelm. *Kommunale Bildungslandschaften: Rechtliche und organisatorische Grundlagen.* Berlin 2009.

MacBeath, John. *School inspection and self-evaluation: working with the new relationship.* London 2006.

Owen, John M., und Patricia J. Rogers. *Program evaluation. Forms and approaches.* London 1999.

Porst, Rolf. *Fragebogen – Ein Arbeitsbuch.* Wiesbaden 2011.

Regionalverband Ruhr. *Bildungsbericht Ruhr.* Münster 2012.

Schmidt, Stefan, und Christoph Höfer. *Nachhaltige Qualitätsentwicklung in Bildungsregionen.* Gütersloh 2012. www.wegweiser-kommune.de (Download 9.5.2012).

Scriven, Michael. »Die Methodologie der Evaluation«. *Evaluation. Beschreibung und Bewertung von Unterricht, Curricula und Schulversuchen.* Hrsg. Christoph Wulf. München 1972. 60–91.

Scriven, Michael. »Pros and cons about goal-free evaluation«. *Evaluation Practice* (12) 1 1991. 55–63.

Stadt Freiburg. *Bildungsbericht 2010.* Freiburg 2010. www.freiburg.de/servlet/PB/menu/1233365_l1/index.html (Download 21.3.2012).

Stadt Freiburg. *Leitbild LEIF.* Freiburg 2009. www.leif-freiburg.de/fileadmin/media/img/LEIF/pdf/Leitbild_LEIF.pdf (Download 23.3.2012).

Stern, Cornelia, Christian Ebel, Veronika Schönstein und Oliver Vorndran (Hrsg.). *Bildungsregionen gemeinsam gestalten. Erfahrungen, Erfolge, Chancen.* Gütersloh 2008.

Stufflebeam, Daniel. *International Handbook of Educational Evaluation.* Dordrecht 2003.

Univation – Institut für Evaluation. »Eval-Wiki: Online-Glossar der Evaluation«. www.eval-wiki.org/glossar/Eval-Wiki:_Glossar_der_Evaluation (Download 10.4.2012).

Weiß, Wolfgang W. *Kommunale Bildungslandschaften: Chancen, Risiken und Perspektiven*. München 2011.

Wyatt Knowlton, Lisa, und Cynthia C. Phillips. *The logic model guidebook: better strategies for great results*. Los Angeles 2009.

Anhang

Es sind zwei unterschiedliche Arten von Anhängen zu differenzieren. Zum einen handelt es sich um Arbeitsmaterialien zur Erarbeitung zentraler Leistungsschritte von Evaluationen, die vom Autor des Leitfadens entwickelt bzw. auf den Kontext »Bildungsregionen« angepasst wurden. Zum anderen handelt es sich um Produkte aus den Bildungsregionen in OWL und der Bildungslandschaft Freiburg, die von den Mitarbeitenden der Bildungsbüros erstellt wurden und die zeigen sollen, welche Ergebnisse nach einem ca. zweijährigen Qualitätsentwicklungsprozess erreichbar sind. Insofern handelt es sich um Praxisbeispiele, die sich zukünftig aber durchaus noch weiter entwicklen können. Die Art des Anhangs ist in der Überschrift jeweils durch die Schlagworte »Arbeitsmaterialien« oder »Praxisbeispiel« erkennbar.

Anhang 1: *Praxisbeispiel* Vertragspassagen zur Evaluation aus Kooperationsvereinbarungen des Bildungsbüros im Kreis Paderborn

Kooperationsvertrag A, Auszüge:

§ 4 Rechenschaftslegung, Evaluation und Bilanzgespräch

Der Projektpartner legt spätestens zum 30. September 2011 einen detaillierten Sach- und Erfahrungsbericht über die Arbeit im abgelaufenen Schuljahr vor, ab 2012 dann jeweils zum 30.8. (1.8. des Vorjahres bis 31.7. des laufenden Jahres). Darin berichtet der Projektpartner

- über die kontaktierten Unternehmen (Aufzählung)
- welche Inhalte neu eingestellt bzw. welche Seiten aktualisiert wurden
- wie viele Praktikumsstellen angeboten werden (Vergleich der letzten 4 Jahre)
- wie viele Betriebe Praktikumsstellen anbieten (Vergleich der letzten 4 Jahre)
- wie oft die Startseite aufgerufen wird (Vergleich der letzten 4 Jahre)
- welche Maßnahmen zur Öffentlichkeitsarbeit durchgeführt wurden
- wie viele Personen ein Passwort haben (vollständige Liste, Vergleich der letzten 4 Jahre) und wie viele Personen im Berichtsjahr ein neues Passwort beantragt haben
- wie viele Eltern angerufen haben und für eine Beratung auf weitere Institutionen verwiesen wurden

Der Projektpartner legt halbjährlich zum 31.7. und 31.1. des Folgejahres einen Finanzbericht vor, auf dessen Basis der Kreis Paderborn die Projektmittel zuweist.

Der Projektpartner und das Bildungsbüro führen im September ein Bilanzgespräch, um die Weiterentwicklung und Fortführung des Projektes zu besprechen.

Der Projektpartner berichtet in der Sitzung des Schulausschusses nach dem Bilanzgespräch über die Aktivitäten im letzten Schuljahr.

Der Projektpartner und das Bildungsbüro erarbeiten gemeinsam bis zum 30. April 2011 ein Evaluationskonzept.

Das Bildungsbüro führt bei Betrieben, Studien- und Berufswahlkoordinatoren und Klassenlehrern der Klassen 9 in Haupt-, Real- und Gesamtschulen eine Evaluation des Projektes durch.

Kooperationsvertrag B, Auszüge:

§ 3 Evaluation und Bilanzgespräch

Der Projektpartner gewährleistet die Evaluation des Projektes A. Die Indikatoren der Evaluation leiten sich aus den in § 1 genannten Zielen ab. Der Projektpartner und das Bildungsbüro vereinbaren bis zum 31.10.2010 ein Evaluationskonzept, das Grundlage für die Rechenschaft über den Erfolg des Projektes ist. Der Projektpartner erhebt die notwendigen Daten und bereitet diese für ein Bilanzgespräch mit dem Bildungsbüro bis zum 31. März 2011 auf.

Der Projektpartner ist damit einverstanden, dass die Daten der Evaluation veröffentlicht werden, zum Beispiel auf der Webseite des Bildungsbüros in der Bildungsregion Kreis Paderborn.

Kooperationsvertrag C, Auszüge:

§ 4 Evaluation

1. Die Bildungsträger sorgen dafür, dass die Teilnehmer/innen des Projektes B einen gemeinsam abgestimmten Evaluationsbogen ausfüllen. Es wird eine Rücklaufquote von 75 % angestrebt.
2. Das Bildungsbüro wertet die Daten nach jedem Schuljahr aus und stellt sie im *Steuerkreis* zur Diskussion. Anschließend können die Daten in den Gremien der Bildungsregion und im Schulausschuss des Kreises Paderborn vorgestellt und auf der Webseite der Bildungsregion oder anderen Wegen veröffentlicht werden.
3. Das Evaluationskonzept (Anlage) ist Bestandteil dieser Vereinbarung.

Anhang 2: *Arbeitsmaterialien* Zweck und Nutzen einer Evaluation festlegen

Tabelle 1: Einbeziehung von Beteiligten in Abhängigkeit vom Zweck der Evaluation

Zweck	Personen(gruppen), die einbezogen werden sollen	Personen(gruppen), die ggf. auch einbezogen werden sollten
Verbesserung	• Programmleitung • andere Programmmitarbeitende mit Überblick über das Gesamtprogramm oder seine relevanten Teile • Kooperationspartner und extern Beauftragte, sofern ihre Arbeitsbereiche betroffen sind • Geldgebende des Programms sowie weitere Personen, die an einem guten und erfolgreichen Programm großes Interesse haben	• Vertretende zentraler Betroffenengruppen (aus Zielgruppen oder weiteren Personengruppen, die durch das Programm berührt werden)
Entscheidungsfindung	• Geldgebende des Programms sowie weitere Personen mit Entscheidungsmacht • Kooperationspartner, die Ressourcen zur Verfügung stellen • Oberste Leitung der das Programm tragenden Organisation(en)	• Vertretende von Interessengruppen (aus Zielgruppen oder weiteren Personengruppen, die durch das Programm berührt werden), die je nach Entscheidung viel gewinnen oder verlieren können
Rechenschaftslegung	• Geldgebende des Programms sowie Personen, die ein Recht und/oder die Pflicht haben, den angemessenen Einsatz von Ressourcen für das Programm zu überprüfen (auch Kooperationspartner) • Mitglieder von Programmbeiräten, Kuratorien u. Ä.	• Fachpolitikerinnen und -politiker Interessengruppen, die sich für die effektive und effiziente Allokation öffentlicher Mittel einsetzen
Wissensmanagement	• Programmleitung • Programmmitarbeitende mit Informations-, Beratungs- und Anleitungsaufgaben • Stabsmitarbeitende der Trägerorganisation (Controlling, Qualitätsmanagement, Human Resources, PR & Öffentlichkeitsarbeit) • Kooperationspartner und extern Beauftragte, mit denen relevante Abstimmungsschnittstellen bestehen	• Vertretende der Personengruppen, die von der Evaluation erzeugte und aufbereitete Daten nutzen werden

Arbeitsanleitung

Schritt 1: Wer sind die wichtigsten potenziellen Nutzenden von Ergebnissen der Evaluation? (Personen oder Gruppen möglichst konkret benennen)

Schritt 2: Formulieren Sie für diese Personen oder Gruppen eine (oder mehrere) Nutzungsabsicht(en). Diese bewegt sich meistens in den folgenden Kategorien:

- neues Wissen erhalten/neue Lösungsmöglichkeiten entwickeln
- Berichtspflichten (z. B. gegenüber Aufsichtsgremien) wahrnehmen
- anfallende Aufgaben besser erledigen
- Entscheidungen treffen

Versuchen Sie, die angestrebten Nutzungen möglichst konkret zu erfassen (z. B. »Information des Beirats über Teilnehmerstruktur in unseren Qualifizierungen am 28.6.2012«). Je präziser die Ergebnisverwendung vereinbart ist, desto gezielter können die Nutzungen vorbereitet werden. Teilweise ist es für die Beteiligten zu einem frühen Zeitpunkt im Evaluationsprozess schwierig, ihre Nutzungsabsichten konkret zu beschreiben. Daher empfiehlt es sich, die Planung mit den Beteiligten zu festgelegten Zeitpunkten zu überprüfen und fortzuschreiben.

Schritt 3: Ordnen Sie die Nutzungsabsicht den übergeordneten Zwecken zu, also:

- Wissensgenerierung
- Rechenschaftslegung
- Verbesserung/Optimierung
- Entscheidungsfindung

Schritt 4: Bestimmen Sie den Zeitpunkt und den Ort der Nutzung möglichst konkret (z. B. Gremien, Teamsitzungen, Tagungen oder Veröffentlichungen).

Schritt 5: Überlegen Sie, wie die Ergebnisse für die jeweiligen Personen/Gruppen aufbereitet werden sollen (z. B. Präsentation, ausführlicher Bericht, Kurzbericht). So kann zu einem frühen Zeitpunkt sichergestellt werden, dass die Evaluation auf die Informationsinteressen der beteiligten Akteure ausgerichtet ist.

Schritt 6: Abschließend können die Nutzungen nach Wichtigkeit priorisiert werden.

Zur Darstellung empfiehlt sich eine tabellarische Übersicht:

vorgesehene Nutzende	Nutzungsabsicht	Zweck	Nutzungszeitpunkte	Ergebnisaufbereitung	Priorität

Quelle: Wolfgang Beywl, Jochen Kehr, Susanne Mäder, Melanie Niestroj. *Evaluation Schritt für Schritt.* Heidelberg 2007.

Prüfung der festgelegten Zwecke

Die folgenden Fragen können im Rahmen der Klärung eines Evaluationsauftrags (unabhängig von der Evaluationsart) erörtert werden. Neben der frühzeitigen Klärung, wer über die Ergebnisse einer Evaluation informiert werden soll, leisten sie häufig einen wertvollen Beitrag, um nochmals zu prüfen, ob tatsächlich die richtigen Zwecke benannt wurden.

- Was genau wären aus Sicht der Programmsteuerung erfreuliche Evaluationsergebnisse (best case)?
- Was genau wären aus Sicht der Programmsteuerung unerfreuliche Evaluationsergebnisse (worst case)?
- Wer soll über die Evaluationsergebnisse informiert werden? Werden die spezifischen Nutzungserwartungen dieser Personen/Gruppen durch die Ergebnisse erfüllt?
- Wie würde mit unerfreulichen Ergebnissen umgegangen werden?

Die Antworten auf diese Fragen ermöglichen einen Abgleich mit den offen benannten Zwecken und ggf. vorhandenen versteckten bzw. implizit verfolgten Zwecken.

Wurde der Zweck »Optimierung/Verbesserung« festgelegt, sollten z. B. nicht nur erfreuliche, sondern auch unerfreuliche Ergebnisse an Netzwerkpartner übermittelt werden, um gemeinsam nach Verbesserungsansätzen zu suchen. Im Übrigen lassen sich auch auf Basis erfreulicher Ergebnisse Verbesserungsansätze ableiten, etwa anhand der Fragen: Was hat zu diesem Ergebnis geführt? Wie können wir unsere Stärken zukünftig noch besser zur Geltung bringen?

Wurde der Zweck »Wissensgenerierung« festgelegt, sollten z. B. bereits klare Vorstellungen dazu bestehen, für welche zukünftigen Vorhaben Ergebnisse nutzbar gemacht werden sollen und wie sie dafür aufzubereiten sind.

Wurde der Zweck »Rechenschaftslegung« festgelegt, sollten z. B. schon klare Vorstellungen dazu existieren, welche Informationen genau benötigt werden. Häufig reichen hierzu Nachweise der Verwendung von bereitgestellten Mitteln (in Form von Outputs wie durchgeführte Veranstaltungen, Anzahl an Teilnehmenden etc.). Aufwendige Untersuchungen von erreichten Veränderungen in den Lebenslagen von Zielgruppen sind dafür oft nicht erforderlich.

Wurde der Zweck »Entscheidungsfindung« festgelegt, muss gewährleistet sein, dass auch unerfreuliche Ergebnisse transparent werden.

Stefan Schmidt

Anhang 3: *Arbeitsmaterialien*
Bedingungen des zu evaluierenden Gegenstands/Programms klären

Die folgenden Leitfragen ermöglichen es Ihnen, die relevanten Bedingungen Ihres Programms zu klären und zu konkretisieren, welche im Rahmen einer Evaluation relevant sind bzw. relevant werden können. Sie eignen sich besonders in der Phase der Auftragsklärung, können jedoch auch Hinweise für die Entwicklung von Fragestellungen an die Evaluation geben, insbesondere wenn die Evaluation eine proaktiv unterstützende (Bedarfe zu Beginn der Planungsphase eines Programms untersuchen) oder eine klärende Funktion (Entwicklung des Konzepts und der Ziele eines Programms) hat.

1. Kontext:
   a) In welchen politischen, gesellschaftlichen, rechtlichen und ggf. geographischen Rahmenbedingungen bewegt sich das Programm?
   b) Welche Veränderungen bei diesen Rahmenbedingungen können die Durchführung des Programms, dessen Zielerreichung und somit die Evaluation beeinflussen?
2. Income:
   a) Welche Eigenschaften (Voraussetzungen) charakterisieren die Mitglieder der Zielgruppen des Programms in Bezug auf Wissen, Einstellungen, Verhaltensweisen, Bedürfnisse, Werte?
   b) Welche Eigenschaften der Zielgruppen müssen bei der Evaluation (z. B. bei der Einbeziehung in Erhebungen) berücksichtigt werden?
3. Input:
   a) Welche zeitlichen Ressourcen, Qualifikationen, Einstellungen, Werthaltungen, Interessen bringen die Personen mit, die das Programm durchführen (Mitarbeitende von Bildungsbüro und Kooperationspartnern, ggf. Ehrenamtliche)?
   b) Welche Personen müssen bei der Evaluation (z. B. wenn deren Mitwirkung bei der Planung und Durchführung von Erhebungen notwendig ist) berücksichtigt werden?
4. Struktur:
   a) Welche strukturellen Aspekte der Bildungsregion, des Bildungsbüros und der Kooperationspartner (z. B. Aufbauorganisation, Involvierung in andere Projekte oder Evaluationen) sind relevant für das Programm?
   b) Welche sind für die Durchführung einer Evaluation relevant?

Stefan Schmidt

Anhang 4: *Praxisbeispiel* Zielsystem der Bildungsregion Kreis Herford

Strategische Ziele/strategisches Dach	
Die Menschen im Kreis Herford erkennen Bildung als Schlüssel für gesellschaftliche Teilhabe, für ihre individuelle Lebensgestaltung und für die Sicherung ihrer wirtschaftlichen Lebensgrundlage. Sie gestalten unabhängig von ihrer sozialen und ethnischen Herkunft erfolgreich und selbstbestimmt ihre Bildungsbiographie.	Die Bildungseinrichtungen und -strukturen im Kreis Herford passen sich an die Bedürfnisse der Lernenden an und ermöglichen allen Menschen im Kreis Herford eine erfolgreiche Gestaltung der Bildungsbiographie. Sie gewährleisten soziale Gerechtigkeit und Teilhabe und sind die Grundlage für eine wirtschaftlich erfolgreiche und nachhaltige Entwicklung des Kreises und seiner Städte und Gemeinden.
Leitzielbereich 1: Bildungsmanagement	
Die Menschen im Kreis Herford engagieren sich in der Weiterentwicklung der Bildungslandschaft und bringen ihre Interessen, Wünsche und Bedürfnisse in die Abstimmungsprozesse ein.	Die Bildungseinrichtungen im Kreis Herford, ihre Träger sowie alle Partner in der Bildungsregion beteiligen sich aktiv an der Gestaltung der Bildungslandschaft und begegnen sich dabei auf Augenhöhe. In einer Kultur des Miteinanders und des Interessensausgleichs stimmen sie ihre Angebote und die Weiterentwicklung aufeinander ab.

Mittlerziele		**Vorhaben**
1.1	Die regionalen Gremien entwickeln Angebote zur stärkeren Einbindung und aktiven Beteiligung der Bildungseinrichtungen im Kreis Herford und ihrer Träger.	
1.2	Die Verantwortlichen aus Politik und Verwaltung sowie in den Institutionen und Einrichtungen verständigen sich auf gemeinsame Ziele und sichern die Umsetzung in ihrem Verantwortungsbereich.	
1.3	Die regionalen Gremien entwickeln auf der Basis der Ziele eine Umsetzungsstrategie und stimmen diese mit den Beteiligten in der Bildungsregion ab. Sie berücksichtigen dabei die Interessen und Bedarfe der jeweiligen Bereiche und passen diese an aktuelle sowie zukünftige Entwicklungen im Bildungsbereich an.	
1.4	Die Verantwortlichen aus Politik und Verwaltung sowie in den Institutionen und Einrichtungen verständigen sich über Formen und Inhalte zur Koordination der Aktivitäten. Sie sichern die hierfür erforderlichen Ressourcen und begleiten aktiv die Umsetzung.	
1.5	Die Verantwortlichen aus Politik und Verwaltung sowie in den Institutionen und Einrichtungen verständigen sich auf die Bündelung von Ressourcen zum Erreichen der gemeinsamen Ziele und nutzen die entstehenden Synergieeffekte.	
1.6	Die regionalen Gremien sorgen für die Möglichkeit der aktiven Beteiligung aller Partner und binden die Menschen im Kreis Herford in den abgestimmten Handlungsfeldern mit ein.	

Leitzielbereich 2: Bildungsbiographische Schwerpunktthemen inkl. Übergangsmanagement		
Die Menschen im Kreis Herford gestalten aktiv und selbstbestimmt ihre Bildungsbiographie. An den Übergängen in ihrer Bildungslaufbahn orientieren sie sich frühzeitig und treffen Entscheidungen auf der Grundlage aller relevanten Informationen.	Die Bildungseinrichtungen im Kreis Herford unterstützen die Menschen im Kreis Herford bei der Gestaltung ihrer individuellen Bildungsbiographie. An den Schnittstellen sorgen sie mit Unterstützung aller regionalen Partner für einen möglichst reibungsfreien Übergang.	
Mittlerziele		**Vorhaben**
2.1	Die Verantwortlichen aus Politik und Verwaltung sowie in den Institutionen und Einrichtungen sichern in den Bereichen Frühkindliche Bildung, Primar- und Sekundarstufe, berufliche Aus- und Weiterbildung sowie an den relevanten Übergängen innerhalb der Bildungsbiographie die Einrichtung von interessenneutralen koordinierenden Stellen.	
2.2	Die koordinierenden Stellen sichern den überinstitutionellen Informationstransfer, treiben die Netzwerkbildung bzw. -erweiterung voran und unterstützen die regionale Abstimmung und Weiterentwicklung sowie die umfassende und bedarfsgerechte Bereitstellung von Angeboten.	
2.3	Die Bildungseinrichtungen entwickeln unterstützt durch ihre Träger und alle Partner in der Bildungsregion miteinander abgestimmte Beratungsangebote und umfassende Informationskonzepte an allen Übergängen.	
2.4	Die Menschen im Kreis Herford planen den Übergang zwischen zwei Bildungsabschnitten frühzeitig und selbstbestimmt entsprechend ihrer Entwicklung und ihren Entscheidungskompetenzen.	
2.5	Die Menschen im Kreis Herford kennen die Unterstützungsangebote und nutzen diese aktiv. Sie treffen auf der Grundlage aller relevanten Informationen und der individuell vorhandenen Kompetenzen und Entwicklungspotentiale Entscheidungen.	
2.6	Die Menschen im Kreis Herford entwickeln rechtzeitig alternative Strategien für den Fall, dass ihre ursprünglichen Ziele nicht umsetzbar sind.	

Leitzielbereich 3: Bildungsplanung		
Die Menschen im Kreis Herford lernen in einer vielfältigen, anschlussfähigen und durchlässigen Bildungsinfrastruktur.		Die Bildungseinrichtungen im Kreis Herford, ihre Träger und alle Partner in der Bildungsregion kennen die individuellen und regionalen Bedarfe und richten ihre Angebote darauf aus. Sie sichern gemeinsam ein aufeinander abgestimmtes, breit angelegtes Bildungsangebot.
Mittlerziele		**Vorhaben**
3.1	Die Verantwortlichen aus Politik und Verwaltung sowie in den Institutionen und Einrichtungen verständigen sich über eine grundsätzliche Zielrichtung der Bildungsplanung.	
3.2	Die Bildungseinrichtungen und ihre Träger verständigen sich darauf, ihre Bildungsangebote untereinander abzustimmen. Sie treffen Vereinbarungen zur Gestaltung dieses Prozesses und stellen die Verbindlichkeit in der Zusammenarbeit sicher.	
3.3	Die Verantwortlichen aus Politik und Verwaltung sowie in den Institutionen und Einrichtungen verständigen sich auf regelmäßige Bedarfserhebungen. Sie beteiligen sich an der Durchführung und nutzen die Ergebnisse zur Anpassung des Angebotes.	
3.4	Die Bildungseinrichtungen, ihre Träger und die Partner in der Bildungsregion sichern die Durchlässigkeit und die Anschlussfähigkeit der Bildungsangebote.	
3.5	Die Menschen im Kreis Herford kennen das bestehende Bildungsangebot, die Voraussetzungen, Ziele und Anschlussmöglichkeiten.	
3.6	Die Menschen im Kreis Herford beteiligen sich aktiv an den Bedarfserhebungen und nutzen die Möglichkeit, ihre Bedürfnisse zurückzumelden.	

Leitzielbereich 4: Bildungsberatung		
Die Menschen im Kreis Herford kennen die ihnen zur Verfügung stehenden Beratungsangebote und nutzen diese gemäß ihren Bedürfnissen.		Die Bildungseinrichtungen im Kreis Herford sichern mit Unterstützung aller Partner in der Bildungsregion ein vielfältiges Beratungsangebot entlang der Bildungsbiographie.
Mittlerziele		**Vorhaben**
4.1	Die Bildungseinrichtungen im Kreis Herford stellen allgemeine sowie an den Bedarfen spezieller Zielgruppen angepasste Beratungsangebote zur Verfügung.	
4.2	Die Bildungseinrichtungen und -partner in der Bildungsregion nehmen eine regelmäßige Abstimmung der Beratungsangebote vor und ermitteln die Bedarfe.	
4.3	Die Bildungseinrichtungen entwickeln und vereinbaren gemeinsame Qualitätsstandards für die Beratung und stellen deren Umsetzung sicher.	
4.4	Die Menschen im Kreis Herford kennen den Zugang zu Beratungsangeboten für verschiedene Anlässe.	
4.5	Die Menschen im Kreis Herford sind nach der Inanspruchnahme einer Beratung in der Lage, die vorhandenen Optionen für sich zu bewerten und eine für sie passende Handlungsstrategie zu entwickeln.	

Leitzielbereich 5: Qualitätsentwicklung in schulischen und außerschulischen Institutionen und Angeboten		
Die Menschen im Kreis Herford haben einen sicheren Zugang zu qualitätsvollen Angeboten für ihren individuellen Bildungserfolg. Die Qualitätssicherungssysteme ermöglichen ihre Partizipation.		Die Bildungseinrichtungen im Kreis Herford entwickeln, unterstützt durch ihre Träger, ein gemeinsames Qualitätsverständnis und setzen dieses durch geeignete flexible Maßnahmen um. Die Möglichkeiten der Beteiligung, Sicherung und Entwicklung – auch in Form von Rückmeldung und Kritik – sind transparent und niederschwellig und werden offensiv kommuniziert.
Mittlerziele		**Vorhaben**
5.1	Die Bildungseinrichtungen vereinbaren mit Unterstützung ihrer Träger und den Partnern in der Bildungsregion mit Blick auf die Inhalte und Rahmenbedingungen gemeinsame Qualitätsstandards.	
5.2	Die Bildungseinrichtungen evaluieren ihre Angebote und werden dabei durch die Partner in der Bildungsregion mit Blick auf die Durchführungsmöglichkeit unterstützt.	
5.3	Die Nutzerinnen und Nutzer von Angeboten haben die Sicherheit, dass ihre Rückmeldungen zu den Angeboten bei der (Weiter-)Entwicklung berücksichtigt werden.	
5.4	Die Bildungseinrichtungen passen ihre Angebote an aktuelle Anforderungen und Entwicklungen an.	

Leitzielbereich 6: Kompetenzentwicklung		
Die Menschen im Kreis Herford entwickeln ihre Kompetenzen durchgängig und unabhängig von ihrer sozialen bzw. ethnischen Herkunft. Sie nutzen ein vielfältiges, ganzheitliches Lernangebot zum Aufbau und zur Erweiterung ihrer fachlichen sowie personalen, sozialen und methodischen Kompetenzen und setzen diese gezielt ein.		Die Bildungseinrichtungen im Kreis Herford entwickeln ausgehend von den individuellen Kompetenzen und Fähigkeiten der Lernenden ein gemeinsames Verständnis zur Kompetenzentwicklung. Dieses setzen sie orientiert an den Anforderungen der verschiedenen Fachbereiche und mit Unterstützung der Partner in der Bildungsregion um.
Mittlerziele		**Vorhaben**
6.1	Den Bildungseinrichtungen sind die individuellen Fähigkeiten und Kompetenzen der Lernenden dem institutionellen Rahmen und dem Auftrag nach angemessen bekannt.	
6.2	Die Bildungseinrichtungen sichern den individuellen Bildungserfolg durch den Abbau von Hemmnissen und die intensive Förderung von Potenzialen.	
6.3	Die Bildungseinrichtungen treffen sich regelmäßig und entwickeln ein gemeinsames Verständnis zu den Kompetenzen und Verfahren zur Kompetenzentwicklung. Sie kommunizieren dieses mit den Beteiligten und nach außen.	
6.4	Die Bildungseinrichtungen entwickeln ein gemeinsames Verständnis von der Dokumentation individueller Kompetenzen im fachlichen und überfachlichen Bereich.	
6.5	Die Bildungseinrichtungen nutzen ihr gemeinsames Verständnis zur Kompetenzentwicklung und zur Dokumentation als Standard für ihre Angebote.	

Anhang 5: *Praxisbeispiel* Zielsystem der Initiative LEIF in Freiburg

Strategisches Dach LEIF Freiburger Bürgerinnen und Bürger jeder sozialer und ethnischer Herkunft erkennen Bildung als Schlüssel für ihre individuelle Selbstverwirklichung und lernen erfolgreich im gesamten Lebenslauf. Die Bildungseinrichtungen und -strukturen in Freiburg gewährleisten soziale Gerechtigkeit und sind somit Grundlage für erfolgreiche Bildungsbiographien und für die Zukunftsfähigkeit, Wettbewerbsfähigkeit und nachhaltige Entwicklung der Stadt und der Region.		
Leitzielbereich I: Bildungsmanagement Verantwortliche der Kommunalpolitik und -verwaltung, der Schulaufsicht, des örtlichen Stiftungsverbunds, der Bildungsträger und Wohlfahrtsverbände gestalten gemeinsam die Weiterentwicklung der Bildungsstruktur im Sinne einer gemeinsamen »Bildungsstrategie Freiburg«.		
Mittlerziele		
I.1	Verantwortliche aus Politik und Verwaltung moderieren und gestalten das Zusammenwirken der Freiburger Bildungsakteure zur Umsetzung dieser Ziele und fördern gegenseitiges Vertrauen, gemeinsame Prinzipien und Werteorientierungen.	
Leitzielbereich II: Bildungsberatung Freiburger Bürgerinnen und Bürger gestalten aktiv und selbstbestimmt ihre Bildungsbiographien.		
Mittlerziele		**LEIF-Vorhaben**
II.1	Freiburger Bürgerinnen und Bürger finden in Bildungsfragen schnell und unkompliziert qualifizierte und individuell passende Beratungsangebote.	• Datenbank • Wegweiser Bildung
II.2	Verantwortliche der Freiburger Bildungsberatung entwickeln systematisch die Freiburger Bildungslandschaft weiter.	• Wegweiser Bildung mit neuen Produkten und Angeboten
II.3	Verantwortliche der Freiburger Bildungsberatung sprechen (bildungsferne, -nahe) Zielgruppen gezielt an und beraten Ratsuchende bedürfnisgerecht.	• Wegweiser Bildung (gemeinsame Qualitätsstandards)
II.4	Multiplikatoren/innen und Bürger/innen an Bildungsübergängen planen den Übergang zwischen zwei Bildungsabschnitten frühzeitig und treffen Entscheidungen auf der Grundlage aller relevanten Informationen.	• System. Zusammenarbeit von Netzwerken BB und ÜM
Leitzielbereich III: Übergangsmanagement Freiburger Bürgerinnen und Bürger orientieren sich an Übergängen in ihrer Bildungslaufbahn frühzeitig und treffen Entscheidungen auf der Grundlage aller relevanten Informationen.		
Mittlerziele		**LEIF-Vorhaben**
III.1	Lehrkräfte, BeraterInnen sowie Bildungs- und Maßnahmenträger an Bildungsübergängen entwickeln einen differenzierten, ganzheitlichen Blick auf Bildungswege und Handlungsoptionen.	• Freiburger Lupe
III.2	Professionelle Akteure an Bildungsübergängen stimmen ihre Angebote und Maßnahmen ab und koordinieren sie.	• Freiburger Lupe
III.3	Professionelle Akteure und Bürger/innen an Bildungsübergängen planen Übergänge in der Bildungslaufbahn frühzeitig und treffen Entscheidungen auf der Grundlage aller relevanten Informationen.	• BEST • Freiburger Lupe

Leitzielbereich IV: Diversity/Integration Freiburger Bürgerinnen und Bürger mit und ohne Migrationshintergrund wertschätzen Diversität als Ressource und schöpfen ihr individuelles Bildungspotential aus.		
Mittlerziele		**LEIF-Vorhaben**
IV.1	Verantwortungstragende Personen aus Politik und Verwaltung, Bildungsträger, Begegnungsstätten und Migrantenselbstorganisationen kommen zusammen, informieren sich gegenseitig über ihre Angebote und priorisieren Bedarfsfelder im Schnittbereich Bildung und Migration.	• Netzwerk Bildung & Migration
IV.2	Verantwortungstragende Personen aus Politik und Verwaltung, Bildungsträger, Begegnungsstätten und Migrantenselbstorganisationen entwickeln gemeinsame Handlungsempfehlungen für Diversität und Integration im Bildungswesen und in Bildungsangeboten und fördern deren Verankerung in der Breite.	• Netzwerk Bildung & Migration • Sprachbildung
IV.3	Erzieher/innen, Lehrer/innen und Berater/innen aus Erziehungsberatungsstellen nehmen Integrationsprobleme neu wahr und setzen sich mit konkreten Lösungsschritten auseinander.	• Elternbroschüre
IV.4	Bildungsferne Eltern orientieren sich selbständig im Bildungswesen und tragen dazu bei, dass ihre Kinder in Kita und Schule eine erfolgreiche Bildungslaufbahn bestreiten.	• Elternbroschüre
IV.5	Kinder mit mangelnden Deutschkenntnissen verbessern kontinuierlich ihre Sprachkompetenz und vermeiden frühzeitig sprachbedingte Nachteile im Bildungswesen.	• Sprachbildung • Rucksack

Leitzielbereich V: Wirtschaft, Technik, Umwelt, Wissenschaft Freiburger Bürgerinnen und Bürger gestalten Gegenwart und Zukunft für ihr eigenes Leben, die Stadt und die Region im Sinne einer nachhaltigen Entwicklung.		
Mittlerziele		**LEIF-Vorhaben**
V.1	Freiburger Bürgerinnen und Bürger gestalten ihre Lebensführung und ihr gesellschaftliches Umfeld ökologisch verträglich, wirtschaftlich leistungsfähig und sozial gerecht.	• FR Kleeblatt Nachhaltigkeit Lernen
V.2	Multiplikatoren/innen aus dem Bereich WTUW arbeiten systematisch an der Verbreitung von Nachhaltigkeitskonzepten.	• Netzwerk BNE
V.3	Kinder und Jugendliche erschließen sich naturwissenschaftliche Phänomene durch eine forschende Haltung.	• Forschungsräume
V.4	Lehrkräfte, Erzieher/innen und Umweltbildner/innen erschließen sich naturwissenschaftliche Phänomene durch eine forschende Haltung.	• Forschungsräume
V.5	Lehrkräfte, Erzieher/innen und Umweltbildner/innen fühlen sich kompetent, Sprachbildung mit naturwissenschaftlichen Themen zu verbinden.	• Forschungsräume
V.6	Freiburg bewirbt sich erfolgreich um die Auszeichnung als »Stadt der Weltdekade« der UN-Dekade »Bildung für nachhaltige Entwicklung« und bewirkt so eine stärkere Vernetzung der Akteure, die in Freiburg am Thema »BNE« arbeiten, sowie eine erhöhte Wahrnehmung des Themas in der Freiburger Öffentlichkeit.	• Dekadeantrag
V.7	Lehrkräfte, Erzieher/innen und Umweltbildner/innen informieren Bürgerinnen und Bürger aktiv über zukunftsfähige Berufe im »Green Tech Bereich« und leisten somit langfristig einen Beitrag zur Erhöhung des Anteils an Personen, die sich für einen solchen Beruf entscheiden.	• FR Kleeblatt

Leitzielbereich VI: Bildungsmonitoring Verantwortliche der Kommunalverwaltung erheben systematisch bildungsrelevantes Steuerungswissen und bereiten es für das regionale Bildungsmanagement und die politischen Entscheidungsträger auf.		
Mittlerziele		**LEIF-Vorhaben**
VI.1	Verantwortliche der Verwaltung erheben, stellen zusammen und analysieren Steuerungswissen bzgl. Bildungserfolg und Migrationshintergrund mit Fokus auf ausgewählte Stadtteile.	• Sozialräumliche Betrachtung
VI.2	Verantwortliche der Verwaltung stellen zusammen, analysieren und erheben Steuerungswissen bzgl. Bildung in allen Lebensphasen.	• Bildungsbericht
VI.3	Verantwortliche der Verwaltung informieren die politischen Entscheidungsträger und stellen Informationen allen an Bildung beteiligten Akteuren zur Verfügung.	• Sozialräumliche Betrachtung • Bildungsbericht
VI.4	Verantwortliche der Verwaltung und ggf. weitere an Bildung beteiligte Akteure leiten Handlungsempfehlungen für die politischen Entscheidungsträger ab.	• Sozialräumliche Betrachtung • Bildungsbericht

Stand: Frühjahr 2011

Anhang 6: *Arbeitsmaterialien* Ziele klären und formulieren

Die Bearbeitung dieser Materialien setzt voraus, dass die in Kapitel 3.5 des Haupttextes dargestellte Zielsystematik, die »Resultatstreppe«, die Logik von »Kaskadenprogrammen«, die »Tipps zur Zielformulierung«, das Prinzip der »Operationalisierung« und die eingeführten Begriffe bekannt sind. Ziele zu klären bedeutet in erster Linie, die angestrebten Wirkungen eines Projekts gedanklich vorwegzunehmen und sich systematisch mit Outcomes und Impacts zu beschäftigen. Die folgende Übung bezieht auch die Klärung der zentralen Outputs mit ein, da sich »Evaluationen aus Bordmitteln« (interne Evaluationen oder Selbstevaluationen) aufgrund mangelnder Ressourcen auch oder ausschließlich auf die Erfassung von Outputs stützen müssen. Auch in diesem Fall sollte die »Resultatstreppe« (vgl. Abbildung 3 im Haupttext) einschließlich Outcomes und Impacts durchdekliniert werden, um die aus Outputs resultierenden Outcomes und Impacts nachvollziehbar darlegen zu können. Gehen Sie wie folgt vor:

1. Wählen Sie ein »Kaskadenprojekt« aus dem Portfolio Ihres Bildungsbüros bzw. Ihrer Bildungsinitiative aus.
2. Bestimmen Sie für das ausgewählte Projekt alle Zielgruppen, differenziert nach Multiplikator- und Letztzielgruppen.
3. Halten Sie zunächst nur in Stichworten fest, welche Outputs und Outcomes bei den Multiplikatoren erreicht werden sollen (vgl. das Beispiel zur Konfliktprävention im Haupttext). *Eine direkte Ausformulierung ist ebenfalls möglich, führt jedoch häufig dazu, dass die Übung bereits zu Beginn ins Stocken gerät. Beachten Sie, dass Outputs und Outcomes jeweils nach drei Stufen differenziert werden (vgl. die erste Spalte in der Matrix in Anhang 7).*
4. Halten Sie in Stichworten fest, welche Outputs und Outcomes bei den Letztzielgruppen erreicht werden sollen (vgl. das Beispiel zur Konfliktprävention im Haupttext).
5. Prüfen Sie, ob das Projekt auch die Erreichung von Impacts anstrebt. Halten Sie in Stichworten fest, welche Impacts verfolgt werden.
6. Formulieren Sie mithilfe der »Tipps zur Zielformulierung« aus den Stichworten (zu Punkt 3, 4 und 5) Ziele als Aussagesätze (vgl. Kapitel 3.5.4 im Haupttext).
7. Dieser Schritt bezieht sich nur auf Outcomes: Operationalisieren Sie die Outcomes möglichst stark (vgl. Kapitel 3.5.4 im Haupttext).
8. Versuchen Sie die Outcomes und Impacts in eine hierarchische Ordnung zu bringen, indem Sie die folgenden Regeln des Haupttextes beachten (vgl. Abbildung 7 im Haupttext):
    a. Ziele werden von den Leit- über die Mittler- zu den Detailzielen hin immer konkreter.
    b. Ein Ziel der unteren Ebene trägt dazu bei, ein Ziel der oberen Ebene zu erreichen.

Anhang 7: *Arbeitsmaterialien* Indikatoren ableiten und ergänzende Datenerhebungen planen

In der linken Spalte (»Output I« bis »Impacts«) können Sie konkretisieren, welche Resultate in Ihrem Projekt angestrebt werden (Ergebnisse der Zielklärung). Für die Outcome-Stufen sind hohe Operationalisierungsgrade (Detailziele) am besten geeignet. Prüfen Sie auf jeder Ebene die folgenden Schritte. Evaluationen »aus Bordmitteln« beschränken sich häufig auf Schritt a.

a. Wie können Sie den Grad der Zielerreichung ohne zusätzliche empirische Datenerhebungen erkennen (z. B. anhand von Prozessdokumentationen, Protokollen, Teilnehmerlisten)?
b. Welche zusätzlichen empirischen Datenerhebungen können Sie durchführen, um die Zielerreichung zu messen (z. B. Befragungen, Beobachtungen)?

Ziele auf unterschiedlichen Resultatsebenen	**Multiplikatoren**		**Letztzielgruppe**	
	Woran kann man erkennen, dass die Ziele erreicht wurden?	Wie kann man das dokumentieren bzw. messen?	Woran kann man erkennen, dass die Ziele erreicht wurden?	Wie kann man das dokumentieren bzw. messen?
Output I: Aktivitäten finden statt				
Output II: richtige Zielgruppen sind erreicht				
Output III: Zielgruppen akzeptieren Angebote				
Outcome I: Wissen, Werte, Einstellungen				
Outcome II: Handlungen, Verhalten				
Outcome III: Lebenslage, Status				
Impacts: Einwirkungen auf soziale Systeme				

Voraussichtlich wird es nicht möglich sein, jede Zelle der Matrix zu füllen. Dies ist in der Regel auch nicht notwendig.

Frank Wedekind, Stefan Schmidt

Anhang 8: *Arbeitsmaterialien*
Konzept und Fragebogenentwicklung einer Netzwerkbefragung

Dieses Konzept ist als Anregung zur Planung einer Netzwerkbefragung und als »Baukasten« zur Erstellung eines Fragebogens zu verstehen und muss an die spezifischen Merkmale eines Netzwerks angepasst werden.

1 Untersuchungsgegenstand

An dieser Stelle sollten zentrale Merkmale des untersuchten Netzwerks beschrieben werden: Steuerungsverantwortung, beteiligte Bildungsakteure, Ziele des Netzwerks. Nachstehend wird dies exemplarisch für das Netzwerk »Bildung und Migration« der Initiative LEIF in Freiburg dargestellt.

Das Netzwerk »Bildung und Migration« wird von LEIF initiiert. Die Verantwortung für Organisation und Dokumentation der Netzwerktreffen liegt bei LEIF. Im Netzwerk sind verschiedene lokale Bildungsträger vertreten, u. a. der Migrantenbeirat, Mitglieder des Gemeinderats, Trägerorganisationen von Kindertageseinrichtungen, Schulen, Berufsschulen und Migrantenvereine. Mit der Netzwerkinitiierung wird das Ziel verfolgt, den Umgang mit Diversität in den Bildungseinrichtungen zu verbessern und durch gemeinsame Standards zu vereinheitlichen. Die existierenden Vernetzungsstrukturen sollen weiterentwickelt werden, um übergreifend und verbindlich für eine nachhaltige Integration von Menschen mit Migrationshintergrund zu arbeiten und Vielfalt als wertvolle Ressource zu nutzen.

2 Zweck der Erhebung, Adressaten der Ergebnisse

Im Rahmen von Qualitätsentwicklungsverfahren in Bildungslandschaften kann eine Netzwerkentwicklung abgebildet und ggf. bestehende Schwachpunkte wie auch besondere Stärken eines Netzwerks erfasst werden. Damit wird ein »Stimmungsbild« des Netzwerks erhoben, welches die zentralen Merkmale der angestrebten Kooperationen abbildet. Neu entstandene Kontakte und Kooperationen, die Kommunikation zwischen den Partnern und der Aufwand für die Kooperation aus Sicht der Netzwerkakteure werden erhoben, um Erfolge bzw. Handlungsbedarfe zu identifizieren. Bei mehreren Erhebungszeitpunkten kann eine Entwicklung im Netzwerk abgebildet werden.

Die Erhebungsergebnisse können von der Netzwerkkoordination für Steuerungszwecke genutzt und darüber hinaus an die beteiligten Akteure weitergegeben werden. Bei Bedarf werden sie im Rahmen der Netzwerktreffen vorgestellt und gemeinsam interpretiert, um Schlussfolgerungen für die Weiterentwicklung des Netzwerks abzuleiten (Zweck: Optimierung).

3 Auswahl der zu befragenden Personen

In der Regel ist in beruflichen »realen« Netzwerken davon auszugehen, dass eine Vollerhebung aller im Netzwerk vertretenen Personen, Institutionen bzw. Organisationen möglich ist.

4 Fragestellungen

Diesem Konzept liegt eine Dokumentenanalyse von Studien zur Vernetzung zugrunde, bei denen unterschiedlichste Merkmale von Netzwerken empirisch untersucht und Erfolgsfaktoren identifiziert wurden. Je nachdem, wie lange das Netzwerk bereits existiert, sollten die folgenden Faktoren unterschiedlich gewichtet werden. Auch bei mehreren Erhebungszeitpunkten bietet es sich an, neben einem feststehenden Set an geschlossenen Fragen offene Fragen aufzunehmen, die auf den aktuellen Stand des Netzwerks Bezug nehmen.

1. Welche *Erwartungen* bezüglich des persönlichen oder organisationalen Nutzens haben die Netzwerkakteure? (Eher zu Beginn sinnvoll, bei personellen Veränderungen ggf. auch zu späteren Zeitpunkten.)
2. Welche förderlichen und hinderlichen Rahmenbedingungen *(Kontextfaktoren)* treten auf? Wie können sie genutzt bzw. wie kann ihnen begegnet werden? (Eher zu Beginn sinnvoll, bei grundlegenden Veränderungen im Kontext auch zu späteren Zeitpunkten.)
3. In welchem Maße befördert die *Komplementarität* des Netzwerks die Zielerreichung und kann neben summativen Effekten des Zusammenwirkens einen Mehrwert für die Netzwerkpartner generieren? (Zu jedem Messzeitpunkt sinnvoll.)
4. Inwieweit gelingt es im Laufe der Netzwerkarbeit, eine gemeinsame *Netzwerkvision* zu entwickeln und umzusetzen? (Zu Beginn nur sinnvoll, wenn bereits Ziele definiert wurden, sonst auch zu späteren Messzeitpunkten.)
5. Welche *Motivation* liegt der aktiven Netzwerkarbeit der beteiligten Akteure zugrunde? (Zu jedem Messzeitpunkt sinnvoll.)
6. Welche *Priorität* haben die inhaltlichen *Netzwerkziele* für die beteiligten Partner? (Eher zu Beginn sinnvoll, bei personellen Veränderungen ggf. auch zu späteren Zeitpunkten.)
7. Inwieweit gelingt es, eine solide *Vertrauensbasis* zwischen den beteiligten Akteuren aufzubauen? (Erst nach einigen Monaten der Zusammenarbeit sinnvoll.)
8. Wie wird die *Aufwand-Nutzen-Relation* von den Netzwerkpartnern wahrgenommen?
9. In welchem Maße gelingt es, *Kooperationen* zwischen Partnern zu *initiieren*?

5 Umsetzung der Erhebung

Es bietet sich eine schriftliche Befragung (Papier-Fragebogen) an. Der Fragebogen kann am Ende eines Netzwerktreffens vor Ort ausgefüllt werden. Dies erleichtert eine hohe Beteiligung. 10 Minuten zur Beantwortung des Fragebogens sind in der Ablaufplanung des Treffens zu berücksichtigen.

Die Mitglieder des Netzwerks können zu mehreren Zeitpunkten im Rahmen von turnusmäßigen Netzwerktreffen befragt werden (im Folgenden als t1, t2 und t3 bezeichnet). Die Erhebungszeitpunkte sollten dem Zyklus der Treffen angepasst werden. Effekte aus Netzwerken treten häufig erst über längere Zeiträume auf. Andererseits muss beachtet werden, dass die Befragten die Netzwerkentwicklung rückblickend beurteilen müssen. Dies ist bei Zeiträumen von über einem Jahr für die datengebenden Personen oft schwierig.

6 Auswertung der Erhebung

Die Antwort-Ergebnisse auf geschlossene Fragen werden deskriptiv ausgewertet und in übersichtlichen Grafiken und Tabellen aufbereitet. Es werden Häufigkeitsverteilungen und Kreuztabellen erstellt sowie Mittelwerte und Streuwerte berechnet. Antworten auf die ergänzenden offenen Fragen werden inhaltsanalytisch ausgewertet, zentrale Inhalte zusammenfassend beschrieben und exemplarische Zitate für Kernaussagen wiedergegeben.

Die Ableitung von Schlussfolgerungen und die Ergebnisinterpretation erfolgen entlang der im Rahmen der Zielklärung vereinbarten Indikatoren.

7 Form der Berichterstattung und Ergebnisverwendung

Die Ergebnisse werden interpretiert, in Grafiken aufbereitet und in Form eines Arbeitspapiers/eines Berichts zeitnah an das Projektteam übermittelt. Es werden deskriptive Ergebnisse (Mittelwert, Standardabweichung und Spannweite) zu allen Items in Form von Übersichtstabellen gegeben. Für die Zeitpunkte t2 und t3 wird die Veränderung über die Zeit per Aufbereitung zu Verlaufsdiagrammen abgebildet.

8 Gewährleistung des Datenschutzes

Es werden folgende Maßnahmen zur Gewährleistung von Datenschutzbestimmungen getroffen: Auf elektronische Dokumente mit persönlichen Daten können ausschließlich die Mitglieder des Projektteams zugreifen, die die

Erhebung durchführen. Sie werden mit einem Kennwort vor fremdem Zugriff geschützt und nach der Evaluierung vernichtet. Die Berichterstattung erfolgt anonymisiert, d. h., die Ergebnisse sind den Einrichtungen und befragten Personen nicht zuzuordnen.

9 Instrumentenentwicklung

Bei der Entwicklung des Fragebogens ist zu beachten, dass die Beantwortung am Ende einer Sitzung maximal 10 Minuten umfassen sollte. Außerdem sollte der Einstieg leichtfallen (besser mit geschlossenen Fragen beginnen).

9.1 Abfrage der Erwartungen bzw. des erwarteten Nutzens der Mitarbeit

Zum Zeitpunkt der Netzwerkinitiierung ist es sinnvoll, als Grundlage für die Bewertung des entstandenen Nutzens die Erwartungen und Befürchtungen der Akteure zu ermitteln.

Offene Fragen

- »Was sind Ihre Erwartungen an die weitere Zusammenarbeit für die nächsten x Monate?«
- »Was ist für Sie ganz persönlich die größte Herausforderung, die durch das Netzwerk beantwortet werden soll?«
- »Was muss passieren, damit Sie ganz persönlich die Gründung des Netzwerks als Erfolgserlebnis betrachten?«

Eine weitere offene Frage kann als »Bewusstseinsschärfung« eingesetzt werden.

- »Was passiert, wenn nichts passiert, das Netzwerk also scheitern sollte?«

9.2 Kontextbedingungen

Der Kontext, in dem ein Netzwerk agiert, hat wesentlich Einfluss auf die Netzwerkarbeit. Kontextfaktoren können sich dramatisch ändern, etwa durch Kommunalwahlen oder auch die Insolvenz eines wichtigen Netzwerkpartners. Zum Zeitpunkt der Netzwerkinitiierung ist die Erfassung der Kontextfaktoren wichtig.

Offene Frage

- »Welche (förderlichen und hemmenden) Rahmenbedingungen müssen im Netzwerk beachtet werden, damit die Ziele erreicht werden?«

Bei Veränderungen der Kontextfaktoren kann zu einem späteren Zeitpunkt nach den Auswirkungen der Veränderungen gefragt werden.

9.3 Komplementarität

Die Komplementarität der Netzwerkpartner ist eine entscheidende Ausgangsbedingung für die Erfolgsfähigkeit von Netzwerken. Sind die Partner sehr homogen, addieren sich ihre Effekte und Leistungen lediglich. Sind sie sehr heterogen, so ergänzen sie sich – gelingende Kooperation vorausgesetzt – und multiplizieren so ihre Gesamtleistungsfähigkeit. Das Netzwerk ist allerdings gleichzeitig störungsanfällig, u. a. wegen unterschiedlicher Organisationskulturen und -normen. Hierbei sind auch die Rollen bedeutsam, die eingenommen oder zugewiesen werden.

Zudem wird durch den Grad der Komplementarität die Komplexität beeinflusst: Welche Branchen/Organisationstypen (Kammern, Ämter, Unternehmen etc.) sind im Netzwerk vertreten, und welche Berufsgruppen arbeiten zusammen? Kannten diese sich bereits vor der Netzwerkbildung?

Geschlossene Fragen mit vier- oder fünfstufiger Antwortskala (»trifft voll zu« bis »trifft gar nicht zu«)
- »Nur durch Zusammenarbeit kann das angestrebte Ziel erreicht werden.«
- »Der Aufwand, das Ziel ohne Netzwerkinitiierung zu erreichen, ist sehr hoch.«
- »Mit genau diesen Partnern kann die Kooperation erfolgreich die anvisierten Ziele erreichen.«

9.4 Netzwerkziele/Netzwerkvision

Die gemeinsame Netzwerkvision ist zum einen Orientierung für die gemeinsame Anstrengung, die erklärten Ziele erfolgreich zu erreichen, zum anderen kontinuierlicher Prozess, der durch Ausweitung und Einschränkung der gemeinsam getragenen Wertebasis gekennzeichnet ist. Die Tragfähigkeit der gemeinsamen Netzwerkvision wird bestimmt von der Fähigkeit der Netzwerkkoordination, die Ziele zu kommunizieren, aber auch von der Widerspruchsfreiheit zwischen den Zielen der Partner und den Netzwerkzielen.

Geschlossene Fragen mit vier- oder fünfstufiger Antwortskala
- »Die Ziele des Netzwerks sind den Zielen, die ich/meine Institution verfolge/verfolgt, sehr ähnlich.«
- »Wir im Netzwerk XY haben ein gemeinsames und klares Ziel, das wir erreichen wollen.«

9.5 Motivation zur aktiven Mitarbeit

Die Motivation zur aktiven Mitarbeit in Netzwerken ist sehr unterschiedlich und reicht von aktiver Blockade über rein passiv ausgeübte Mitgliedschaften bis hin zur engagierten und leidenschaftlichen Mitgestaltung der Netzwerkarbeit. Diese unterschiedlichen Motivationslagen zu erfassen ist sinnvoll, um die Tragfähigkeit von Arbeitsbeschlüssen etc. abschätzen zu können. Hierzu werden drei Indikatoren vorgeschlagen, die zwei unterschiedliche Facetten erfassen sollen. Es werden die persönliche Motivation (Indikator 1) und die zweckgebundene Motivation (Indikator 2 und 3) erfasst. Indikator 3 muss mit den konkreten Zielen des Netzwerks hinterlegt werden, dann wird neben der Motivation auch eine Effektivitätseinschätzung der Kooperation ermöglicht.

Geschlossene Fragen mit vier- oder fünfstufiger Antwortskala
- »Ich bin persönlich sehr stark motiviert, am Netzwerk mitzuarbeiten.«
- »Wie wichtig finden Sie die Vernetzung der Akteure bzw. Projekte zur besseren Erreichung der Ziele?«
- »Glauben Sie, die folgenden Ziele können auch ohne Kooperation erreicht werden?« *(Auflistung von Zielen)*

9.6 Inhaltliche Ziele des Netzwerks

Wenn ein gemeinsamer Zielklärungsprozess durchgeführt werden soll, können folgende Fragen sinnvoll sein, z. B. um im Vorfeld eines Workshops bereits einen Entwurf für ein Zielsystem zu erarbeiten.

Offene Fragen
- »Was sind die zwei wichtigsten Ziele, die im nächsten halben Jahr durch das Netzwerk/durch die Arbeit der Partner erreicht werden müssen?«
- »Wie wahrscheinlich/realistisch/herausfordernd ist es Ihrer Meinung nach, diese Ziele zu erreichen?«

Wenn bereits Ziele formuliert wurden und diese nun priorisiert werden sollen:

Geschlossene Frage mit vier- oder fünfstufiger Antwortskala (»sehr wichtig« bis »gar nicht wichtig«)
- »Ziel XY zu erreichen, ist meiner Ansicht nach ...«

9.7 Merkmal Vertrauensaufbau

Das Vertrauen kann direkt wie auch über die Kommunikation etc. indirekt erfragt werden.

Geschlossene Fragen mit vier- oder fünfstufiger Antwortskala
- »Das Vertrauen zwischen den Netzwerkpartnern ist sehr groß.«
- »Der Austausch mit den Partnern ist sehr hilfreich für uns.«

9.8 Kooperationsaufwand

Geschlossene Fragen mit vier- oder fünfstufiger Antwortskala
- »Die Netzwerkkommunikation ist sehr zeitaufwendig.«
- »Die Abstimmung mit den neuen Partnern ist mehr Aufwand, als sie bislang Nutzen brachte.«

9.9 Initiierte Kooperation

Zusätzlich kann in den Fokus genommen werden, inwiefern eine Vernetzung zwischen den Akteuren stattfindet.

Offene Fragen
- »Mit wie vielen Kooperationspartnern haben Sie bislang zusammengearbeitet? In welchem Bereich/mit welchem inhaltlichen Schwerpunkt?«
- »Anzahl neuer inhaltlicher Partner seit dem letzten Treffen im Oktober 2011? In welchem Bereich/mit welchem inhaltlichen Schwerpunkt?«
- »Anzahl gewünschter weiterer inhaltlicher Partner: ca. ... In welchem Bereich/mit welchem inhaltlichen Schwerpunkt?«

Dr. Uwe Neugebauer, Stefan Schmidt

Anhang 9: *Arbeitsmaterialien* Erhebungsmethoden/Instrumente für Veranstaltungen zur Visualisierung von Ergebnissen

1 Feedbackplakate

Vorteile von Feedbackplakaten sind, dass sie wenig Zeit erfordern und die Ergebnisse direkt visualisiert werden. Nachteile sind die Beeinflussung der Teilnehmenden durch die Transparenz der vorangegangenen Rückmeldungen, der begrenzte Informationsgehalt und ggf. Platzmangel ab ca. 20 Teilnehmenden (wenn die Bewertungen ähnlich ausfallen). Es gibt unterschiedliche Umsetzungsformen:

- *Stimmungsbarometer:* Auf einer Skala mit Nullpunkt (–5/+5) wird *ein* Klebepunkt zur Zufriedenheit geklebt.
- *Zielscheibe:* Eine Zielscheibe wird wie eine Dartscheibe in mehrere Felder unterteilt, und zu bewertende Aspekte werden zugeordnet, z. B. Inhalte, Verständlichkeit, Anregungen für die Praxis. Jeder Aspekt muss mit einem gesonderten Klebepunkt (*mehrere* Klebepunkte) bewertet werden.
- *Wolkendiagramm:* In einem zweidimensionalen Koordinatensystem werden Nutzen (Informationsgehalt und Praxisanregungen etc.) und Zufriedenheit (Atmosphäre, Beteiligungsmöglichkeiten etc.) auf Skalen von 0 bis 10 mit *einem* Klebepunkt bewertet.

Feedbackplakate haben auch Schwächen, die man durch eine geschickte Moderation aber abmildern kann.

- Die Punkte sollten aufgeklebt werden können, ohne dass Dritte zuschauen (Moderationswand zur Wand drehen).
- Weil die Bewertungen zu sehen sind, besteht die Tendenz, dass Teilnehmende sich den bereits sichtbaren Bewertungen anschließen. In der Moderation sollte auf diese Gefahr hingewiesen und dazu aufgefordert werden, sich die eigene Wertung genau zu überlegen, bevor jemand an die Moderationswand tritt und die vorangegangenen Bewertungen sieht. Man kann den Wert auch vorab auf die Klebepunkte aufschreiben lassen.
- Werden die Methoden am Ende einer Veranstaltung angewendet, besteht die Gefahr, dass Kritik im Raum bleibt und nicht bearbeitet werden kann. Sollte diese Befürchtung bestehen, sollte das Feedback etwas vorgezogen werden, damit Kritik noch aufgegriffen werden kann.

2 Koffer, Medizinschrank, Mülltonne

Diese Methode lässt sich unabhängig von Feedbackplakaten einsetzen und auch sehr gut mit ihnen kombinieren, um ergänzende offene Antworten einzuholen.

Moderationskarten oder Papier liegen auf den Tischen aus (Stift sollten alle Teilnehmenden selbst dabeihaben). Am Ausgang werden drei Schachteln mit den untenstehenden Fragen darauf bereitgestellt. Die Teilnehmenden schreiben ihre Kommentare und Rückmeldungen anonym auf Zettel und werfen sie in die entsprechenden Schachteln:

- Koffer: »Was nehme ich aus der heutigen Sitzung gern mit?«
- Medizinschrank: »Was könnte verbessert werden? Welche Fragen sind offengeblieben?«
- Mülltonne: »Was lasse ich lieber hier?«

3 Ampel

Diese Methode eignet sich nicht nur für ein Feedback am Ende einer Veranstaltung, sondern auch für ganz gezielte Rückmeldungen zwischendurch: Die Teilnehmenden bekommen jeweils drei Kärtchen – ein grünes (»trifft zu«), ein gelbes (»neutral«) und ein rotes (»trifft nicht zu«). Die Moderation wirft einige Aussagen in die Runde (z. B.: »Ich habe Anregungen für meine Praxis erhalten«, »Ich habe einige interessante Aspekte dazugelernt«, »Der Vortrag hat zentrale Aspekte auch für Personen mit wenig Evaluationserfahrung verständlich dargelegt«). Die Teilnehmenden wählen nach jeder Aussage das für sie passende Kärtchen und halten es einen Moment in die Höhe.

4 Scaling Dance

Diese Erhebungsmethode regt den Austausch unter den Teilnehmenden an. Außerdem unterstützt sie dabei, lösungsorientiert zu denken. Die geeignete Gruppengröße ist abhängig von dem zur Verfügung stehenden Raum. Theoretisch kann die Methode mit mehr als hundert Personen durchgeführt werden, dies erfordert allerdings etwas Übung. Eine Mindestanzahl von acht Personen ist erforderlich, damit der Austausch zwischen »Nachbarn« möglich ist.

Auf dem Boden wird eine Skala von 0 bis 10 visualisiert (z. B. durch drei Moderationskarten, auf denen die »0«, die »5« und die »10« vermerkt sind). Die »10« steht für volle Zustimmung, die »0« für deutliche Ablehnung zu einer Frage, die vom Moderator bzw. der Moderatorin gestellt wird. Jeder Teilnehmer bzw. jede Teilnehmerin erhält zwei Moderationskarten (zwei Farben, im Nachfolgenden gelb/grün) und einen Kugelschreiber. Folgende Anweisungen an die Teilnehmenden können als Anregung dienen und sollten der konkreten Situation angepasst werden:

Schritt 1: Bitte nehmen Sie sich 2 Moderationskarten und einen Stift.

Schritt 2: Bitte beantworten Sie folgende Frage, indem Sie sich an die entsprechende Stelle auf der Skala stellen. Die »10« steht für volle Zustimmung, die »0« für strikte Ablehnung:
»Durch den Workshop haben wir Impulse zur internen Qualitätsentwicklung bekommen.«

Schritt 3: Tauschen Sie sich kurz mit Ihrem bzw. Ihren Nachbarn (Anzahl spielt keine Rolle) darüber aus, auf welcher Zahl Sie stehen und warum Sie sich dorthin gestellt haben.

Schritt 4: Schreiben Sie auf Ihre gelbe Karte den Wert, auf den Sie sich gestellt haben, und notieren Sie in wenigen Stichworten, welche Kriterien für Ihre Bewertung ausschlaggebend waren.

Schritt 5: *Frage der Moderation an ein Grüppchen (a) an der Spitze, (b) am unteren Ende, (c) in der Mitte der Skala nach den Gründen der Bewertung.*

Schritt 6: Schreiben Sie nun auf Ihre grüne Karte in Stichworten auf, was hätte passieren müssen, damit Sie sich einen oder zwei Punkte höher auf der Skala positioniert hätten.

Schritt 7: *Die Moderation sammelt die Karten der Teilnehmenden ein und wertet sie für ihr Feedback aus.*

5 Plakat mit schriftlichem Fragebogen

Kurze Fragebögen können auch direkt auf eine Moderationswand geschrieben oder per Beamer an eine Wand geworfen werden. Dabei ist darauf zu achten, dass die Zellen für die Bewertungen so groß sind, dass die Klebepunkte aller Teilnehmenden in eine Zelle passen (falls zu einer Frage Einstimmigkeit herrscht).

In welcher Hinsicht war die Fortbildung nützlich für Sie?					
Bitte kreuzen Sie bei jeder Aussage an, wie sehr sie aus Ihrer Sicht zutrifft.		trifft voll zu	trifft eher zu	trifft eher nicht zu	trifft gar nicht zu
1	Die Fortbildung hat meine Fragen zum Thema beantwortet.				
2	Die Atmosphäre ermutigte mich dazu, Fragen zu stellen und mich aktiv zu beteiligen.				
3	Übungen/Gruppenarbeiten waren gut vorbereitet, angeleitet und ausgewertet.				
4	Ich habe Impulse und Anregungen für meine Arbeit erhalten.				
5	Die Stoffmenge war angemessen.				
6	Was fanden Sie an dieser Fortbildung besonders gelungen? ✍				
7	Was können wir bei der nächsten Fortbildung besser machen? Welche Themen sollten wir bei der nächsten Fortbildung auf jeden Fall aufgreifen? ✍				

Stefan Schmidt

Anhang 10: *Praxisbeispiel* Beispiel einer Dokumentenanalyse – inhaltlicher Vergleich von zwei Online-Portalen des Bildungsbüros im Kreis Paderborn

Im Folgenden werden die Angebote der beiden Webseiten P und Q auf mögliche inhaltliche Überschneidungen und Unterschiede geprüft.

Die Internetplattform P bietet Informationen für Schülerinnen, Schüler, Eltern, Lehrkräfte und Betriebe an und ist somit auf den ersten Blick breiter aufgestellt als die Webseite Q. Betrachtet man die einzelnen Informationen für die verschiedenen Adressaten genauer, wird deutlich, dass sich die Infotexte und Literaturtipps der Webseite P zum Teil wiederholen.

Im Rahmen der Informationen für Schüler bietet die Webseite P die Funktion »Praktikumssuche«, den Service »Welcher Beruf passt zu mir«, die Übersicht »Berufe von A–Z« sowie verschiedene Infotexte, Bewerbungstipps, Erfahrungsberichte und Links für die weitere Recherche. Sucht man auf der Webseite Q nach ähnlichen Angeboten, wird man schnell fündig.

Während die Webseite P unter der Rubrik »Welcher Beruf passt zu mir« anspruchsvolle Intelligenz- und Wissenstests (u.a. Focus) anbietet, findet man auf der Webseite Q das eigens für Schüler entwickelte interaktive Programm »Berufeuniversum«, das bei der Berufswahl und -orientierung helfen soll. Darüber hinaus verfügt die Webseite Q über zahlreiche kompakte Selbst-Checks und Infotexte, die Schüler beim Entdecken der eigenen Interessen und Stärken unterstützen sollen.

Das Angebot »Berufe von A–Z« der Webseite P findet man in identischer Form bei der Webseite Q. Auf beiden Webseiten werden die Leserinnen und Leser auf die Homepage www.berufenet.de weitergeleitet, wenn sie detaillierte Auskünfte über einen bestimmten Beruf erhalten möchten.

Bei den Infotexten der Webseite P zum Thema »(Aus-)Bildung lohnt sich« handelt es sich um reines Textmaterial, ohne Bilder, Videos oder interaktive Nutzungsmöglichkeiten.

Tipps zur Bewerbung gibt es auf beiden Webseiten. Während die Webseite P unter der Rubrik »Bewerbungstipps« Infotexte zu verschiedenen Bereichen anbietet, findet man auf der Webseite Q ein interaktives »Bewerbungstraining«, das neben Infotexten auch Checklisten zum Ausdrucken sowie Übungen anbietet.

Gleichermaßen überschneiden sich die Angebote im Bereich der Erfahrungsberichte. Auf beiden Webseiten finden die Leserinnen und Leser Erfahrungen und Tipps ehemaliger Praktikanten. Die Berichte bei der Webseite Q sind mit Fotos und Interviews abwechslungsreich gestaltet.

Im Bereich »Praktikumssuche« unterliegt die Webseite Q der Webseite P. Eine Suche nach Schülerpraktika ist nicht möglich. Schüler werden auf die Internetseite Z weitergeleitet und können dort nach freien Ausbildungsstellen und vereinzelt nach Jahres- und Anerkennungspraktika suchen. Auf der

Homepage der Webseite P können Schüler gezielt nach einem Praktikum suchen. Allerdings kann dieser Service nur mit einem Lehrerzugang genutzt werden, sodass die Jugendlichen in der Regel nur während des Unterrichts und nicht von zu Hause aus suchen können. Hinzu kommt, dass viele Unternehmen beim Punkt »Zurzeit sind in diesem Unternehmen folgende Praktikumsplätze frei …« keine Angaben gemacht haben.

Zusammenfassend lässt sich festhalten, dass sich die Angebote und Informationen für Schülerinnen und Schüler auf den beiden Webseiten inhaltlich weitgehend überschneiden und zum Teil sogar identisch sind (»Berufe von A–Z«). Allerdings wirkt die Homepage der Webseite Q attraktiver und erfüllt die visuellen Ansprüche heutiger Jugendlicher. Die Webseite P kann sich, wenn man von den technischen Hindernissen absieht, mit der Funktion der Praktikumssuche hervorheben. Die anderen Informationen bieten jedoch im Vergleich zur Webseite Q nur wenig Neues und die Aufmachung der Homepage ist darüber hinaus wenig zeitgemäß.

Die »Informationen für Lehrer« bestehen bei der Webseite P aus Hinweisen zu »Gesetzlichen Regelungen«, »Auflagen des Gesundheitsamtes« und »Versicherungsaspekten«, einer Sammlung von »Unterrichtsmaterial«, einer »Literatur- und Medienliste« und einer Übersicht mit weiterführenden Links.

Die Hinweise zu den gesetzlichen Regelungen umfassen ein Merkblatt zur Durchführung des Schülerbetriebspraktikums und Infotexte zu speziellen Zusatzregelungen bei bestimmten Einrichtungen und Betrieben (Krankenhäuser, Chemiebetriebe etc.). Auf der Webseite Q findet man im Themenbereich »Rechte und Pflichten im Praktikum« vergleichbare Informationen. Über einen Link gelangt man außerdem zu einem Leitfaden der IHK, in dem über Jugendarbeitsschutz und Gesundheitsschutz bei Schülerbetriebspraktika informiert wird.

Die Informationen der Webseite P zu Versicherungsaspekten umfassen eine »Übersicht zur Beurteilung der Sozialversicherungspflicht von Praktikanten« für die unterschiedlichen Praktikumsarten. Es wird jedoch darauf hingewiesen, dass die versicherungsrechtliche Beurteilung von Praktikanten nicht eindeutig sei und daher keine Haftung für die Richtigkeit und Vollständigkeit der Angaben gegeben werden könne. Eine vergleichbare Übersicht ist auf der Webseite Q nicht zu finden.

Auf beiden Webseiten haben Lehrkräfte die Möglichkeit, sich Anregungen für den eigenen Unterricht zu holen. Die Materialien der Webseite P werden von Schulen und Lehrkräften aus dem Kreis Paderborn zur Verfügung gestellt. Darunter sind unter anderem Vorlagen für eine Aufgabenstellung zum Praktikumsbericht zu finden, ein Musteranschreiben an Betriebe und Eltern und eine auf den ersten Blick unstrukturiert erscheinende Dokumentation einer Vor- und Nachbereitung des Berufspraktikums. Konkrete Unterrichtsmaterialien in Form von Arbeitsblättern sind nicht vorhanden. Zwei der angegebenen Links sind defekt und lassen sich nicht öffnen.

Auf der Webseite Q findet man konkrete Unterrichtsideen sowie Arbeitsblätter, Checklisten und Videomaterial als kostenlosen Download. Darüber hinaus werden Tipps zur Arbeit mit dem »Berufswahlpass« gegeben, ein kostenpflichtiges Begleitmaterial, das Lehrkräfte dabei unterstützen soll, die berufliche Orientierung ab Klassenstufe 7 zu strukturieren und zu begleiten.

Zur weiteren Recherche bietet die Webseite P zahlreiche, teils veraltete Literaturangaben zu unterschiedlichen Themenbereichen und eine umfassende Link-Sammlung. Auf der Webseite Q können Lehrkräfte sämtliche Ausgaben der Q-Magazine kostenlos downloaden und finden ebenfalls eine umfangreiche Link-Sammlung.

Die Informationen für Lehrkräfte überschneiden sich vorwiegend auf beiden Webseiten. Unterschiede gibt es im Bereich der Unterrichtsmaterialien, wobei das Angebot der Webseite Q einen umfangreicheren Eindruck macht. Bei der Webseite P sind vereinzelt Rechtschreibfehler zu finden und einige der angegebenen Links lassen sich nicht öffnen.

Bei den Informationen für Eltern bietet die Webseite P im Vergleich zur Webseite Q keine neuen Informationen. Ein Fragebogen zur Einschätzung der Stärken des eigenen Kindes ist ebenfalls auf der Webseite Q zu finden. Um sich über die »Aktuelle Berufswelt« zu informieren, werden Eltern auf das Berufswahlportal Y hingewiesen. Die »Hilfsquellen« für Eltern sind identisch mit der Literatur- und Medienliste für Lehrkräfte.

Ein inhaltlicher Vergleich der Informationen für Betriebe ist nicht möglich, da die Webseite Q keine Informationen für Betriebe bereitstellt. Es lässt sich jedoch festhalten, dass die Hinweise für Betriebe auf der Webseite P vielfach identisch sind mit denen für Lehrkräfte.

Anhang 11: *Praxisbeispiel*
Qualitätssicherung am Beispiel des Netzwerks »Bildung und Migration« – Lernen erleben in Freiburg (LEIF)

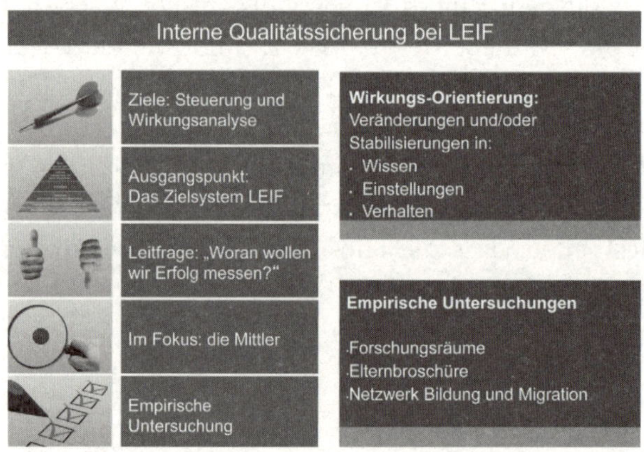

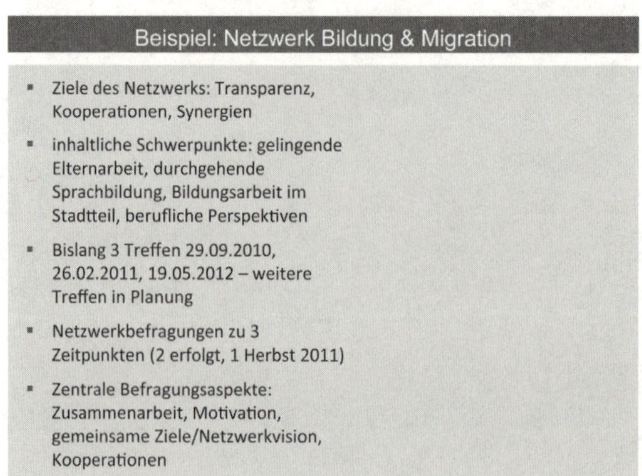

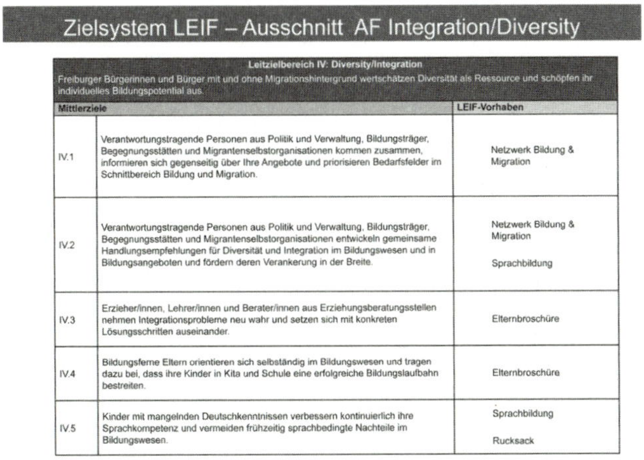

Zielsystem LEIF – Ausschnitt AF Integration/Diversity

Leitzielbereich IV: Diversity/Integration Freiburger Bürgerinnen und Bürger mit und ohne Migrationshintergrund wertschätzen Diversität als Ressource und schöpfen ihr individuelles Bildungspotential aus.		
Mittlerziele		LEIF-Vorhaben
IV.1	Verantwortungstragende Personen aus Politik und Verwaltung, Bildungsträger, Begegnungsstätten und Migrantenselbstorganisationen kommen zusammen, informieren sich gegenseitig über Ihre Angebote und priorisieren Bedarfsfelder im Schnittbereich Bildung und Migration.	Netzwerk Bildung & Migration
IV.2	Verantwortungstragende Personen aus Politik und Verwaltung, Bildungsträger, Begegnungsstätten und Migrantenselbstorganisationen entwickeln gemeinsame Handlungsempfehlungen für Diversität und Integration im Bildungswesen und in Bildungsangeboten und fördern deren Verankerung in der Breite.	Netzwerk Bildung & Migration Sprachbildung
IV.3	Erzieher/innen, Lehrer/innen und Berater/innen aus Erziehungsberatungsstellen nehmen Integrationsprobleme neu wahr und setzen sich mit konkreten Lösungsschritten auseinander.	Elternbroschüre
IV.4	Bildungsferne Eltern orientieren sich selbständig im Bildungswesen und tragen dazu bei, dass ihre Kinder in Kita und Schule eine erfolgreiche Bildungslaufbahn bestreiten.	Elternbroschüre
IV.5	Kinder mit mangelnden Deutschkenntnissen verbessern kontinuierlich ihre Sprachkompetenz und vermeiden frühzeitig sprachbedingte Nachteile im Bildungswesen.	Sprachbildung Rucksack

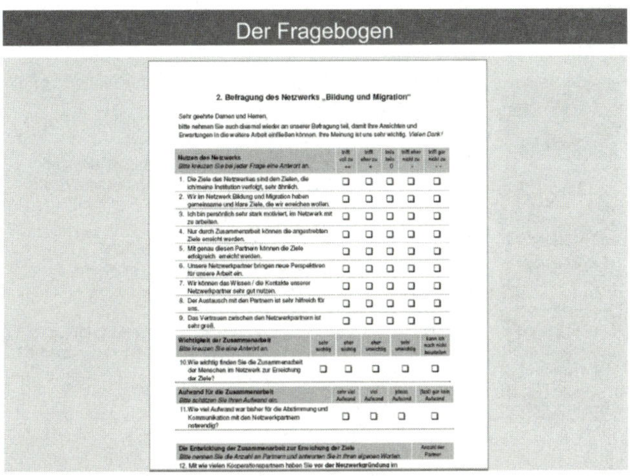

Der Fragebogen

2. Befragung des Netzwerks „Bildung und Migration"

Sehr geehrte Damen und Herren,

bitte nehmen Sie auch diesmal wieder an unserer Befragung teil, damit Ihre Ansichten und Erwartungen in die weitere Arbeit einfließen können. Ihre Meinung ist uns sehr wichtig. *Vielen Dank!*

Nutzen des Netzwerks *Bitte kreuzen Sie bei jeder Frage eine Antwort an.*	++	+	0	-	- -
1. Die Ziele des Netzwerkes sind den Zielen, die ich/meine Institution verfolgt, sehr ähnlich.	❑	❑	❑	❑	❑
2. Wir im Netzwerk Bildung und Migration haben gemeinsame und klare Ziele, die wir erreichen wollen.	❑	❑	❑	❑	❑
3. Ich bin persönlich sehr stark motiviert, im Netzwerk mit zu arbeiten.	❑	❑	❑	❑	❑
4. Nur durch Zusammenarbeit können die angestrebten Ziele erreicht werden.	❑	❑	❑	❑	❑
5. Mit genau diesen Partnern können die Ziele erfolgreich erreicht werden.	❑	❑	❑	❑	❑
6. Unsere Netzwerkpartner bringen neue Perspektiven für unsere Arbeit ein.	❑	❑	❑	❑	❑
7. Wir können das Wissen / die Kontakte unserer Netzwerkpartner sehr gut nutzen.	❑	❑	❑	❑	❑
8. Der Austausch mit den Partnern ist sehr hilfreich für uns.	❑	❑	❑	❑	❑
9. Das Vertrauen zwischen den Netzwerkpartnern ist sehr groß.	❑	❑	❑	❑	❑

Wichtigkeit der Zusammenarbeit *Bitte kreuzen Sie eine Antwort an.*	sehr wichtig	eher wichtig	eher unwichtig	sehr unwichtig	kann ich noch nicht beurteilen
10. Wie wichtig finden Sie die Zusammenarbeit der Menschen im Netzwerk zur Erreichung der Ziele?	❑	❑	❑	❑	❑

Aufwand für die Zusammenarbeit *Bitte schätzen Sie Ihren Aufwand ein.*	sehr viel Aufwand	viel Aufwand	Aufwand	Aufwand
11. Wie viel Aufwand war bisher für die Abstimmung und Kommunikation mit den Netzwerkpartnern notwendig?	❑	❑	❑	❑

Die Entwicklung der Zusammenarbeit zur Erreichung der Ziele *Bitte nennen Sie die Anzahl an Partnern und antworten Sie in Ihren eigenen Worten.*	Anzahl der Partner
12. Mit wie vielen Kooperationspartnern haben Sie vor **der Netzwerkgründung** im	

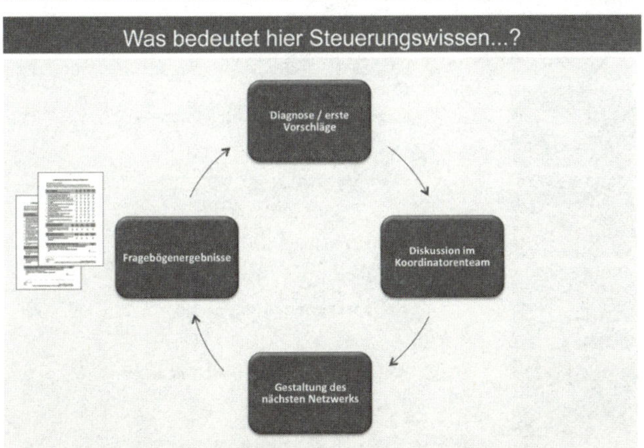

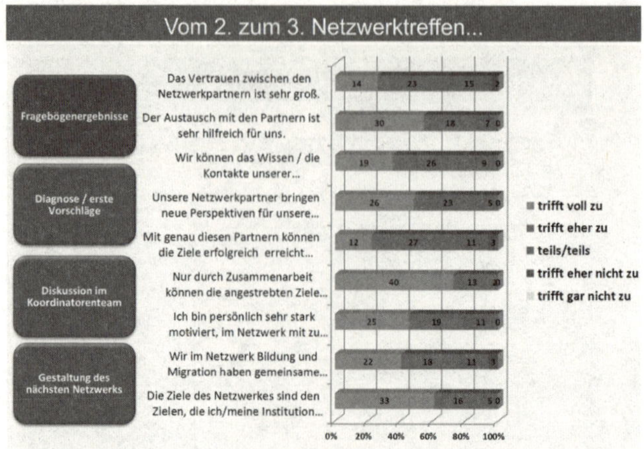
Vom 2. zum 3. Netzwerktreffen...
Fragebögenergebnisse
Diagnose / erste Vorschläge
Diskussion im Koordinatorenteam
Gestaltung des nächsten Netzwerks
Das Vertrauen zwischen den Netzwerkpartnern ist sehr groß.
14 23 15 2
Der Austausch mit den Partnern ist sehr hilfreich für uns.
30 18 7 0
Wir können das Wissen / die Kontakte unserer...
19 26 9 0
Unsere Netzwerkpartner bringen neue Perspektiven für unsere...
26 23 5 0
Mit genau diesen Partnern können die Ziele erfolgreich erreicht...
12 27 11 3
Nur durch Zusammenarbeit können die angestrebten Ziele...
40 13
Ich bin persönlich sehr stark motiviert, im Netzwerk mit zu...
25 19 11 0
Wir im Netzwerk Bildung und Migration haben gemeinsame...
22 18 11 3
Die Ziele des Netzwerkes sind den Zielen, die ich/meine Institution...
33 16 5 0
0% 20% 40% 60% 80% 100%
trifft voll zu
trifft eher zu
teils/teils
trifft eher nicht zu
trifft gar nicht zu

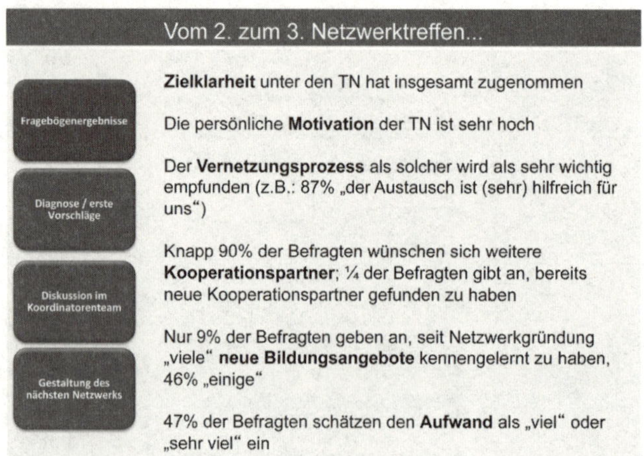
Vom 2. zum 3. Netzwerktreffen...
Fragebögenergebnisse
Diagnose / erste Vorschläge
Diskussion im Koordinatorenteam
Gestaltung des nächsten Netzwerks
Zielklarheit unter den TN hat insgesamt zugenommen
Die persönliche **Motivation** der TN ist sehr hoch
Der **Vernetzungsprozess** als solcher wird als sehr wichtig empfunden (z.B.: 87% „der Austausch ist (sehr) hilfreich für uns")
Knapp 90% der Befragten wünschen sich weitere **Kooperationspartner**; ¼ der Befragten gibt an, bereits neue Kooperationspartner gefunden zu haben
Nur 9% der Befragten geben an, seit Netzwerkgründung „viele" **neue Bildungsangebote** kennengelernt zu haben, 46% „einige"
47% der Befragten schätzen den **Aufwand** als „viel" oder „sehr viel" ein

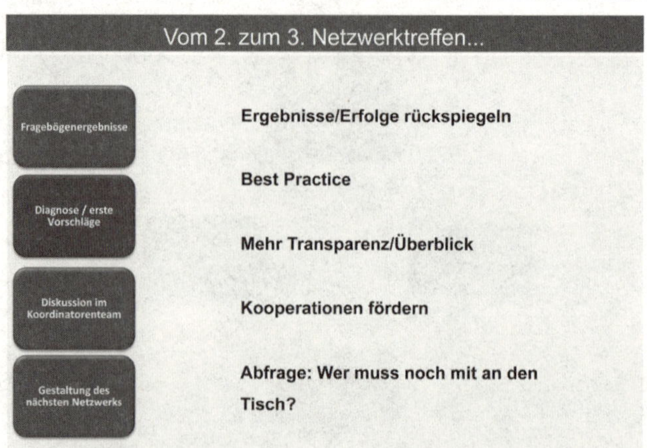
Vom 2. zum 3. Netzwerktreffen...
Fragebögenergebnisse
Diagnose / erste Vorschläge
Diskussion im Koordinatorenteam
Gestaltung des nächsten Netzwerks
Ergebnisse/Erfolge rückspiegeln
Best Practice
Mehr Transparenz/Überblick
Kooperationen fördern
Abfrage: Wer muss noch mit an den Tisch?

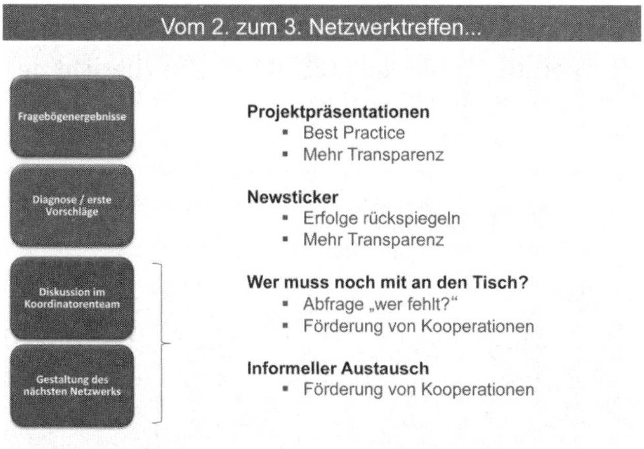
Vom 2. zum 3. Netzwerktreffen...
Fragebögenergebnisse
Diagnose / erste Vorschläge
Diskussion im Koordinatorenteam
Gestaltung des nächsten Netzwerks
Projektpräsentationen
Best Practice
Mehr Transparenz
Newsticker
Erfolge rückspiegeln
Mehr Transparenz
Wer muss noch mit an den Tisch?
Abfrage „wer fehlt?“
Förderung von Kooperationen
Informeller Austausch
Förderung von Kooperationen

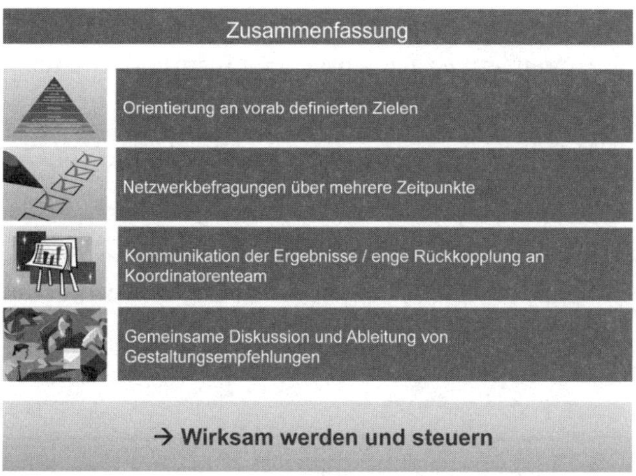
Zusammenfassung
Orientierung an vorab definierten Zielen
Netzwerkbefragungen über mehrere Zeitpunkte
Kommunikation der Ergebnisse / enge Rückkopplung an Koordinatorenteam
Gemeinsame Diskussion und Ableitung von Gestaltungsempfehlungen
→ Wirksam werden und steuern

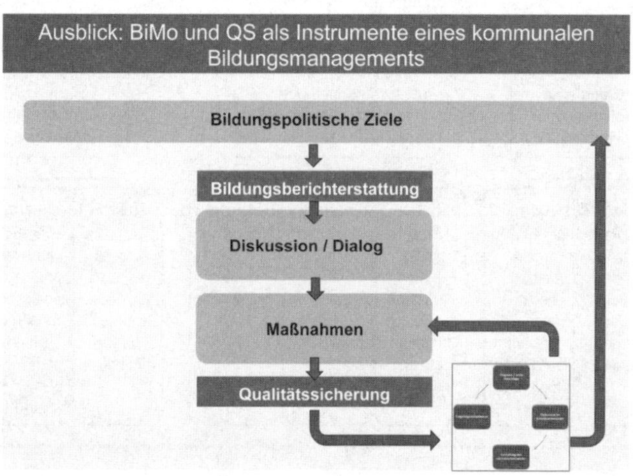
Ausblick: BiMo und QS als Instrumente eines kommunalen Bildungsmanagements
Bildungspolitische Ziele
Bildungsberichterstattung
Diskussion / Dialog
Maßnahmen
Qualitätssicherung

Anhang 12: *Praxisbeispiel* Evaluation des Projekts »Erweiterung der Sprachkompetenz kooperativ im Modell« (ESkiMo) – Kurzbericht des Bildungsbüros im Kreis Gütersloh

Zweck und Nutzen der Evaluation

Das Modellprojekt ESkiMo Kreis Gütersloh »Rheda-Wiedenbrück« (25.5.2009–9.5.2011) und der Arbeitskreis ESkiMo Halle/Westf. (1.8.2010–31.7.2011) bildeten zwei Veranstaltungsreihen, die als Grundlage für die weitere Arbeit des Bereichs »Sprachkompetenz« im Bildungsbüro Kreis Gütersloh geplant und durchgeführt wurden. Durch eine Evaluation unter den Teilnehmenden sollten die Inhalte, Methoden und die Konzeptionierung der Fortbildungsreihe hinterfragt werden. Die Ergebnisse wurden genutzt, um weitere Veranstaltungen zu straffen, benutzerorientiert zu gestalten und Inhalte auf die Bedürfnisse der Teilnehmenden/der teilnehmenden Institutionen zu fokussieren.

Zielsystem

Im Rahmen des o.g. Evaluationsworkshops wurden Leit-, Mittler- und Detailziele vereinbart, die für die durchgeführten Evaluationen grundlegend waren. Die Detailziele konnten zu einem so frühen Zeitpunkt nicht vollständig durch das Bildungsbüro evaluiert werden.

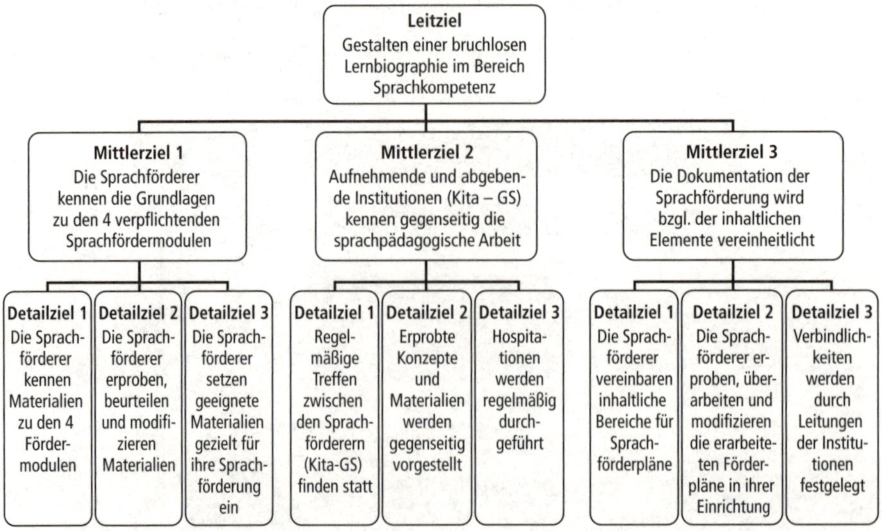

Die Kontrolle der Nachhaltigkeit liegt in einigen Zielen auch außerhalb der Zuständigkeit des Bildungsbüros in den Händen der Leitungen der Sprachförderinstitutionen. Daher wurde vereinbart, in den Befragungen der Teilnehmenden die Aspekte zu evaluieren, die unmittelbar die Fortbildungsreihe und die Arbeit des Bildungsbüros Kreis Gütersloh betreffen.

Alle Ziele sind begrenzt auf den »kleinen Ausschnitt« Sprachkompetenz und auf die entsprechenden Modellprojekte und sind nicht auf die gesamte Bildungsregion zu transferieren.

Evaluation einzelner Maßnahmen

Mittlerziel 1: Die Sprachförderer kennen die Grundlagen zu den 4 verpflichtenden Sprachfördermodulen.
Methode: Expertenrunde in der Veranstaltung; Evaluationsbogen (Frage: Welcher Themenschwerpunkt hat Sie am meisten interessiert?)
Ergebnis: 43 % theoretischer Hintergrund

Detailziele 1 und 2: Die Sprachförderer kennen Materialien zu den 4 Fördermodulen; die Sprachförderer erproben, beurteilen und modifizieren Materialien.
Methode: Evaluation durch die gemeinsame Arbeit in den Workshops; Beurteilungsbögen
Ergebnis: Darstellung der Beurteilungen durch die Beurteilungsbögen; Modifizierung

Mittlerziel 2: Aufnehmende und abgebende Institutionen (Kita – GS) kennen gegenseitig die sprachpädagogische Arbeit.
Methode: Evaluationsbogen (Frage: Hat die mit Ihrer Einrichtung im Bereich der Sprachstandsfeststellung »Delfin 4« kooperierende Grundschule an dieser Veranstaltungsreihe teilgenommen?)
Ergebnis: 100 % ja

Detailziele 1 und 2: Regelmäßige Treffen zwischen den Sprachförderern (Kita–GS) finden statt.
Methode: Kontrolle durch Teilnehmerliste, Evaluationsbogen (Frage: Hat die mit Ihrer Einrichtung im Bereich der Sprachstandsfeststellung »Delfin 4« kooperierende Grundschule an dieser Veranstaltungsreihe teilgenommen?)
Ergebnis: 100 % ja

Detailziel 3: Erprobte Konzepte und Materialien werden gegenseitig vorgestellt.
Methode: Evaluationsbogen (Frage: Welche Themenschwerpunkte der Veranstaltungsreihe sind für eine kontinuierliche Sprachförderung von der Kita bis zur Sekundarstufe am wichtigsten?)
Ergebnis: 43 % einheitliche Förderpläne für eine bruchlose Lerndokumentation, 36 % Materialvorstellung

Mittlerziel 3: Die Dokumentation der Sprachförderung wird bzgl. der inhaltlichen Elemente vereinheitlicht.

Detailziel 2: Die Sprachförderer erproben, überarbeiten und modifizieren die erarbeiteten Förderpläne in ihrer Einrichtung.
Methode: Evaluationsbogen (Frage: Haben Sie die gemeinsam erstellten Förderpläne bereits erprobt? Werden Sie die gemeinsam erstellten Förderpläne in naher Zukunft verwenden?)
Ergebnis: 25 % ja (bereits in Verwendung), 75 % ja (Verwendung in naher Zukunft)

Schlussfolgerungen

Auf Grundlage der ausgewerteten Evaluation wurden vom Bildungsbüro Gütersloh drei Maßnahmen beschlossen:

1. Das Grundkonzept der Fortbildungsreihe bleibt so bestehen und wird benutzerorientiert auf vier bis maximal fünf Sitzungen gestrafft.
2. Die Adressatengruppen der Fortbildungsreihen werden mit Kita und Grundschule bzw. mit Grundschule und weiterführender Schule zusammengefasst.
3. In Kooperation mit dem Kreismedienzentrum wurde eine Materialausleihe zur »Erweiterung der Sprachkompetenz« aufgebaut.

Anhang 13: *Praxisbeispiel* Evaluation des Projekts »Förderung rechenschwacher Schüler/-innen in Lippe« (FörSchL) – Kurzbericht des Bildungsbüros im Kreis Lippe

1 Kurzbeschreibung des Projekts

Grundlage dieses Fortbildungsangebotes bildet ein wissenschaftliches Konzept zur Förderung rechenschwacher Grundschulkinder, das unter der Leitung von Prof. Schipper (Universität Bielefeld) entwickelt wurde. Dabei besuchen die teilnehmenden Grundschullehrkräfte verschiedene Input-Veranstaltungen zu den Schwerpunktthemen Diagnose und Förderung. Darüber hinaus treffen sich die Teilnehmer regelmäßig in kleineren Regionalgruppen. Hier vertiefen sie, unterstützt durch Mentorinnen und Mentoren, ihre gewonnenen Erkenntnisse und bekommen Hilfestellungen bei Planung, Durchführung und Dokumentation der »FörSchL«-Stunden an ihren Schulen.

Die Fortbildung umfasst jeweils einen Zeitraum von einem Jahr. Am Ende der Fortbildungsreihe erhalten die teilnehmenden Lehrkräfte eine Zertifikatsurkunde. Damit Lehrkräfte aller Grundschulen im Kreis Lippe dieses Fortbildungsangebot wahrnehmen können, ist das Projekt zunächst auf drei Jahre angelegt.

Adressaten der Fortbildung: Lehrkräfte aller Grundschulen im Kreis Lippe

Kooperationspartner:
- Schulamt
- Bildungsbüro
- Bezirksregierung Detmold
- Universität Bielefeld
- Lippe Bildung eG
- Kompetenzteam Lippe
- Regionale Schulberatungsstelle

Zeitliche Dimensionen:
- Schuljahr 2010/11: »FörSchL1« Teilnahme von 27 Grundschulen
- Schuljahr 2011/12: »FörSchL2« Teilnahme von 22 Grundschulen
- Schuljahr 2012/13: »FörSchL3« Teilnahme aller restlichen Grundschulen im Kreis Lippe und Übertragung auf einen weiteren Kreis (Kreis Höxter)

Weitere mögliche Perspektiven:
- Einzelne Lehrkräfte sind als Moderatoren im Kompetenzteam Lippe für den Bereich »FörSchL« tätig.
- Das »FörSchL«-Projekt wird auf den Sek-1-Bereich übertragen.

2 Ziele

2.1 Leitziel

Die Fortbildungsreihe vermindert durch gezielte Diagnose- und Fördermaßnahmen Rechenschwächen bei Kindern in der Grundschule.

2.2 Detailziele

1. Die Diagnose- und Förderkompetenzen von Lehrkräften im Umgang mit rechenschwachen Kindern werden ausgebaut.
2. Lehrkräfte aller Grundschulen im Kreis Lippe nehmen an der »FörSchL«-Fortbildung teil.
3. Alle teilnehmenden Lehrkräfte fungieren als Multiplikatoren an ihren Schulen, indem sie die Inhalte der Fortbildung in ihre Kollegien tragen.
4. Einzelne Lehrkräfte fungieren als Multiplikatoren, indem sie sich als Mentorinnen und Mentoren in den Regionalgruppen einsetzen.
5. »FörSchL« wird in die Schulprogramme aller Grundschulen im Kreis Lippe implementiert.

3 Evaluationsmaßnahmen

Grundlage für die Evaluation des »FörSchL«-Projekts sind zwei schriftliche Befragungen per Fragebogen. In der *ersten anonymen Befragung*, die unmittelbar nach dem ersten Fortbildungsdurchgang (»FörSchL1«) durchgeführt wurde, sind die TeilnehmerInnen sowohl zu Inhalten, Organisation und Methoden der Fortbildung als auch zur praktischen Umsetzung an ihren Schulen befragt worden. Ziel dieser Befragung war es, Rückmeldungen von Seiten der TeilnehmerInnen hinsichtlich der praktischen Umsetzung der Fortbildungsreihe zu bekommen, um gegebenenfalls im darauf folgenden Durchgang (»FörSchL2«) Änderungen vorzunehmen.

Die *zweite anonyme Befragung* wurde ein Jahr nach »FörSchL1« durchgeführt. Es sind sowohl die TeilnehmerInnen dieses ersten Fortbildungsdurchgangs als auch die Schulleitungen der betreffenden Grundschulen zum aktuellen Stand der »FörSchL«-Förderung an ihren Schulen befragt worden, um Aussagen zur Nachhaltigkeit der Fortbildungsreihe zu bekommen.

3.1 Erste Befragung zur Evaluation des »FörSchL1«-Fortbildungsangebots

Mit einem anonymen Fragebogen wurden alle 27 am »FörSchL1«-Projekt teilnehmenden Lehrkräfte am Ende der Fortbildungsreihe (2. Halbjahr 2010/11) befragt.

Die Fragestellungen bezogen sich schwerpunktmäßig auf die Fortbildungsinhalte und -organisation sowie die praktische Umsetzung in den Schulen.

3.1.1 Fragestellungen

Während sich die Fragen 1 bis 4 auf die Fortbildungsinhalte und ihre Verwendbarkeit für die eigene berufliche Arbeit beziehen, geht es bei den Fragen 5 bis 10 um die Organisation, die eingesetzten Methoden und die fachliche Kompetenz der Dozenten. Die Fragen 11 bis 14 beziehen sich auf die praktischen Erfahrungen der TeilnehmerInnen mit der Umsetzung des entsprechenden Förderprogramms. Am Ende der Befragung können sich die TeilnehmerInnen frei äußern.

3.1.2 Auswertung der Befragung

Fragen 1 bis 4: Die Fortbildung hat den Erwartungen aller TeilnehmerInnen voll und ganz bzw. weitgehend entsprochen. Nach Meinung aller hat die Fortbildung zur Erweiterung ihrer Kompetenzen beigetragen. Auch die Verwendbarkeit der Inhalte für die eigene Arbeit wurde als durchweg positiv eingeschätzt. Die Anknüpfung an die eigene berufliche Praxis war nach Ansicht aller gegeben.

Fragen 5 bis 10: Die Organisation und Durchführung der Fortbildungsmaßnahme und die Auswahl der eingesetzten Methoden wurden mit einer durchschnittlichen Note von 1,8 (Notenskala von 1 bis 6) bewertet. Die empfohlenen Materialien wurden als hilfreich bis sehr hilfreich eingeschätzt, die Kompetenz der Dozenten mit der Note 1,2 (Notenskala von 1 bis 6) bewertet.

Fragen 11 bis 14: 11 % der TeilnehmerInnen gaben an, dass die »FörSchL«-Stunden aufgrund von Vertretungstätigkeiten teilweise ausfielen, während 89 % angaben, dass diese Stunden immer erteilt wurden. Die durchschnittliche Dauer der Förderung betrug in 12 Fällen 6 bis 8 Monate, in 7 Fällen war sie kürzer und in weiteren 7 Fällen betrug sie im Durchschnitt 9 bis 12 Monate. Die »FörSchL«-Lehrkräfte konnten bei allen geförderten Kindern große bzw. kleine Fortschritte feststellen. 8 Lehrkräfte gaben an, dass es aufgrund eines größeren Bedarfs an Förderstunden zu Problemen kam, die Gruppengröße auf 4 Kinder zu beschränken.

Anregungen/Bemerkungen der TeilnehmerInnen: Neben überwiegend allgemeinen positiven Rückmeldungen zur Fortbildungsreihe wurde u. a. angeregt, alle Input-Veranstaltungen im Verlauf der Fortbildung früher stattfinden zu lassen. Auch der Wunsch nach einem »Aufbauprogramm« mit weiteren Inputs wurde geäußert.

3.1.3 Schlussfolgerungen

Zusammenfassend lässt sich sagen, dass die »FörSchL1«-Fortbildung nach Ansicht der TeilnehmerInnen zum Ausbau ihrer Diagnose- und Förderkompetenzen im Umgang mit rechenschwachen Kindern beigetragen hat (siehe Teilziel 1) und nach Einschätzung der Lehrkräfte auch die geförderten Kinder Fortschritte im mathematischen Bereich gemacht haben. Die Wirksamkeit der Förderung wurde von den Lehrkräften grundsätzlich positiv eingeschätzt. Die Befragung zeigt auch, dass der Bedarf an Förderung von rechenschwachen Kindern an den Grundschulen zum Teil größer war, als er zum Zeitpunkt der Befragung abgedeckt werden konnte.

3.1.4 Ergebnisverwendung

Die zeitliche Organisationsstruktur der »FörSchL2«-Fortbildungsreihe wurde teilweise geändert. Aufgrund von Anregungen teilnehmender Lehrkräfte fand die dritte Inputveranstaltung im Verlauf der Reihe früher statt, sodass die Lehrkräfte die darin gewonnenen Erkenntnisse unmittelbar für die praktische Umsetzung nutzen konnten.

3.2 Zweite Befragung zur Evaluation des »FörSchL1«-Fortbildungsangebots

Mit dem anonymen Fragebogen wurden erneut alle 27 an der »FörSchL1«-Fortbildung teilnehmenden Lehrkräfte und zusätzlich die entsprechenden Schulleitungen der »FörSchL1«-Schulen ungefähr ein Jahr nach Ende der Fortbildungsreihe (Zeitpunkt der Befragung: Ende Februar 2012) befragt. Die Fragestellungen bezogen sich schwerpunktmäßig auf die Nachhaltigkeit des Fortbildungsangebots.

3.2.1 Fragestellungen

Es wurden neben den teilnehmenden Lehrkräften zusätzlich die Schulleitungen befragt, um eine höhere Aussagekraft über die Nachhaltigkeit der Fortbildungsreihe »FörSchL1« zu erreichen. Die beiden Fragebögen umfassten identische wie auch unterschiedliche Fragen. Identische Fragen bezogen sich auf folgende Punkte: Anzahl der »FörSchL«-Kolleginnen bzw. -Kollegen, Austausch von Informationen bzw. Beratung im Kollegium, Verteilung der »FörSchL«-Stunden im Stundenplan, Ausfallhäufigkeit und Förderbedarf. Die Fragen, die ausschließlich an die Schulleitung gerichtet wurden, bezogen sich auf allgemeine Daten zu den »FörSchL«-Gruppen (Anzahl der Gruppen, Anzahl der Kinder, Altersstruktur der Kinder) und die Implementierung von »FörSchL« im Schulprogramm. Fragen zur konkreten Förderung und zu deren Wirkung auf die Kinder und den eigenen Mathematikunterricht wurden ausschließlich den teilnehmenden Lehrkräften gestellt.

3.2.2 Auswertung der Befragung

Von den 27 befragten teilnehmenden Lehrkräften haben 23 ihren Fragebogen ausgefüllt, bei den Schulleitungen waren es 25 von 27.

Auswertung der gemeinsamen Fragestellungen		
	Schulleitungen	**Teilnehmende Lehrkräfte**
Anzahl der »FörSchL«-Lehrkräfte	An 2 Schulen arbeiten jeweils 2 »FörSchL1«-Kolleginnen/Kollegen. An den übrigen Schulen jeweils 1 Kollegin/Kollege. Darüber hinaus leiten an 3 Grundschulen jeweils 1 Lehrkraft und an einer Grundschule 2 weitere Lehrkräfte »FörSchL«-Gruppen, obwohl sie nicht an der Fortbildung teilgenommen haben.	Mit Ausnahme von 2 Kolleginnen/Kollegen sind alle, die an der Fortbildung teilgenommen haben, im Bereich »FörSchL« tätig. Darüber hinaus leiten an 2 Grundschulen jeweils eine weitere Lehrkraft und an 2 Grundschulen jeweils 2 weitere Lehrkräfte »FörSchL«-Gruppen.
An allen teilnehmenden Grundschulen arbeiten »FörSchL1«-Lehrkräfte. Es gibt vereinzelt Grundschulen, an denen »FörSchL-Gruppen« von Lehrkräften geleitet werden, die nicht an der Fortbildung teilgenommen haben.		
Austausch/ Beratung im Kollegium*	An allen Schulen wurden weitere Mathematiklehrkräfte über Inhalte der »FörSchL«-Fortbildung informiert. In 40 % der Fälle wurden alle, in 32 % mehr als die Hälfte und in 28 % der Fälle weniger als die Hälfte der Mathematiklehrkräfte informiert.	Mit einer Ausnahme wurden die Inhalte der »FörSchL«-Fortbildung stets an andere Mathematiklehrkräfte weitergegeben. Dies fand meistens im Rahmen von Fach- oder Lehrerkonferenzen oder auch in persönlichen Beratungsgesprächen statt. 6 Lehrkräfte gaben an, dass ein Austausch mit »FörSchL«-Kolleginnen/Kollegen anderer Grundschulen stattgefunden hat.
Die Weitergabe der »FörSchL«-Inhalte an die Mathematiklehrkräfte findet an allen Grundschulen statt, allerdings in unterschiedlichem Ausmaß und Rahmen.		

Auswertung der gemeinsamen Fragestellungen		
	Schulleitungen	**Teilnehmende Lehrkräfte**
Verankerung von »FörSchL« im Stundenplan*	Alle Schulleitungen geben an, dass im Stundenplan feste Zeiten für »FörSchL«-Stunden enthalten sind. Es sind im Durchschnitt 2,24 Stunden. An über der Hälfte der Grundschulen finden die »FörSchL«-Stunden immer statt. Etwa ein Drittel der Schulleitungen geben an, dass 10 % der Stunden ausfallen, und an ungefähr jeder zehnten Grundschule fallen 25 % der Stunden aus. Als Gründe dafür werden vor allem Vertretungstätigkeit und Krankheit der »FörSchL«-Lehrkraft angegeben.	Mit Ausnahme von einer Lehrkraft geben alle an, dass im Stundenplan feste Zeiten für »FörSchL«-Stunden enthalten sind. Es sind im Durchschnitt 1,9 Stunden. In 60 % der Fälle finden die »FörSchL«-Stunden immer statt. Etwa ein Drittel der Lehrkräfte geben an, dass 10 % der Stunden ausfallen, und an ungefähr jeder zehnten Grundschule fallen 25 % der Stunden aus. Als Gründe dafür werden vor allem Vertretungstätigkeit und Krankheit der »FörSchL«-Lehrkraft angegeben.
Die »FörSchL«-Stunden sind an fast allen Grundschulen fest im Stundenplan verankert und fallen nur sehr selten aus. Gründe für einen solchen Ausfall sind vor allem Vertretungsunterricht und Krankheit der zuständigen »FörSchL«-Lehrkraft.		
Bedarf an »FörSchL«*	44 % der Schulleitungen geben an, dass der Bedarf an Förderung rechenschwacher Kinder an ihrer Schule abgedeckt werden kann, 56 % verneinen dies und meinen, dass im Durchschnitt ca. 3 weitere »FörSchL«-Gruppen nötig seien, um den Bedarf zu decken.	39 % der Lehrkräfte geben an, dass der Bedarf an Förderung rechenschwacher Kinder an ihrer Schule abgedeckt werden kann, 71 % verneinen dies und meinen, dass im Durchschnitt ca. 3 weitere »FörSchL«-Gruppen nötig seien, um den Bedarf zu decken.
Nach Ansicht einer Mehrheit der Schulleitungen und Lehrkräfte ist der Bedarf an zusätzlichen »FörSchL«-Stunden höher, als er momentan abgedeckt wird.		
Wünsche, Anregungen	Die Wünsche und Anregungen der Schulleitungen beziehen sich auf eine bessere Stundenversorgung für »FörSchL«, die Ausbildung weiterer »FörSchL«-Lehrkräfte für ihre Schulen und eine weitere Auffrischung bzw. Erweiterung der Fortbildung.	Die Wünsche und Anregungen der Lehrkräfte beziehen sich schwerpunktmäßig auf eine Auffrischung und Erweiterung der Fortbildung, u. a. auch in Bezug auf sinnvolle Materialien. Darüber hinaus wird ein regelmäßiger Austausch angeregt.

*Bemerkung zu unterschiedlichen Zahlen: Die Zahlen der Schulleitungen und die der Lehrkräfte weichen zum Teil etwas voneinander ab. Dies liegt zum einen daran, dass durch die unterschiedliche Zahl von abgegebenen Fragebögen auch unterschiedliches Datenmaterial vorliegt. Zum anderen ist es wahrscheinlich, dass einzelne Fragen vor dem Hintergrund eines subjektiven Eindrucks beantwortet wurden. Grundsätzlich lässt sich allerdings feststellen, dass die Zahlen nicht merklich voneinander abweichen.

Auswertung der Fragestellungen, die ausschließlich an die Schulleitungen gerichtet waren	
Anzahl der »FörSchL«-Gruppen	Im Durchschnitt gibt es 2 »FörSchL«-Gruppen an den Grundschulen. Die große Mehrheit der Grundschulen hat 1 bis 2 Gruppen eingerichtet. In Ausnahmefällen wurden auch 3 bis 6 Gruppen eingerichtet.
Anzahl aller »FörSchL«-Kinder	Zum Befragungszeitpunkt haben insgesamt durchschnittlich 18,6 Kinder an den »FörSchL«-Stunden teilgenommen.
Jahrgangsstufe	Die große Mehrheit (88 bzw. 73 %) der geförderten Kinder stammten aus den Jahrgangsstufen 2 bzw. 3. Nur ein geringer Anteil (12 bzw. 8 %) der geförderten Kinder stammten aus den Jahrgangsstufen 1 bzw. 4.
Schulprogramm	Die »FörSchL«-Förderung ist in den meisten Grundschulen (76 %) im Schulprogramm verankert.

Auswertung der Fragestellungen, die ausschließlich an die teilnehmenden Lehrkräfte gerichtet waren	
Rahmenbedingungen	Die Lehrkräfte schätzen die Rahmenbedingungen an ihrer Schule für »FörSchL« überwiegend als sehr gut bis gut ein. Dies betrifft zu 95 % die Akzeptanz im Kollegium, zu 100 % die Unterstützung durch die Schulleitung, zu 91 % die Materialausstattung und zu 78 % die räumlichen Voraussetzungen – Letztere werden an einer Grundschule als ganz schlecht empfunden.
Anzahl der »FörSchL«-Kinder in der Gruppe	Durchschnittlich nehmen etwa 4 Kinder an den »FörSchL«-Stunden teil.
Dauer der Förderung	Die Bandbreite der durchschnittlichen Förderdauer ist sehr groß und reicht von 3 bis 15 Monaten. Durchschnittlich werden die Kinder 7,7 Monate lang in den »FörSchL«-Gruppen gefördert.
Fortschritte der Kinder	In 41 % der Fälle konnten die Lehrkräfte große und in 59 % kleine Fortschritte beobachten.
Wirkung auf Unterricht	Eine breite Mehrheit von 91 % gab an, dass sich die »FörSchL«-Fortbildung auch auf die Durchführung ihres Mathematikunterrichts bzw. ihres »normalen« Förderunterrichts ausgewirkt habe. Dies betrifft nach Angaben der Lehrkräfte vor allem die methodische Herangehensweise und den Einsatz von Materialien.
Zeit- und Arbeitsaufwand	39 % der befragten Lehrkräfte schätzen den Zeit- und Arbeitsaufwand für die »FörSchL«-Förderung im Vergleich zum »normalen« Förderunterricht als höher ein. 61 % sehen keinen Unterschied im Zeit- und Arbeitsaufwand.
Orientierung an Fortbildung	Hinsichtlich der Dokumentation orientieren sich 45 % der Lehrkräfte stark bis sehr stark an der Fortbildung, 10 % orientieren sich in diesem Punkt gar nicht an der Fortbildung und weitere 45 % schätzen sich in diesem Punkt im mittleren Bereich ein. Hinsichtlich des Einsatzes der Materialien orientieren sich 78 % der Lehrkräfte sehr stark und 22 % stark an der Fortbildung. Auch hinsichtlich des Stundenablaufs ist eine starke Orientierung an der Fortbildung zu erkennen. 35 % der Lehrkräfte orientieren sich sehr stark und 56 % stark an der Fortbildung; 9 % der Lehrkräfte sehen sich hier im mittleren Bereich.

3.2.3 Schlussfolgerungen

Zusammenfassend ist festzustellen, dass an allen teilnehmenden Grundschulen mindestens eine »FörSchL«-Lehrkraft arbeitet und mit Ausnahme einer Grundschule an allen Schulen »FörSchL« praktiziert wird. Darüber hinaus werden Inhalte der »FörSchL«-Fortbildung mindestens an die Mathematiklehrkräfte weitergegeben, so dass an vereinzelten Grundschulen sogar »FörSchL-Gruppen« von Lehrkräften geleitet werden können, die nicht an der Fortbildung teilgenommen haben.

Die Befragung hat weiterhin ergeben, dass der Bedarf an Förderung von Kindern mit Rechenschwächen an vielen Grundschulen höher ist, als durch die »FörSchL«-Stunden abgedeckt werden kann. Damit wurden die Ergebnisse der ersten Befragung bestätigt. Auch äußerten Schulleitungen und Lehrkräfte Wünsche nach weiteren Unterstützungsangeboten (weitere Fortbildungen, bessere Stundenversorgung ...).

Die Auswertung der einzelnen Fragen zeigt außerdem, dass »FörSchL« an den Schulen in unterschiedlichen Ausprägungen hinsichtlich Anzahl der Gruppen, Dauer der Förderung usw. stattfindet, sich die Lehrkräfte aber stark an den Fortbildungsinhalten orientieren. Dabei werden die Voraussetzungen für die Förderung von den Lehrkräften als fast durchweg positiv angesehen und auch kleine wie große Fortschritte bei den Kindern beobachtet.

Eine wichtige Voraussetzung für einen nachhaltigen Effekt der Fortbildungsreihe, der sich in dem langfristigen Ziel einer *Verminderung von Rechenschwächen bei Kindern in der Grundschule* wiederfindet, ist die feste Verankerung der »FörSchL«-Förderung in den Schulalltag. Das bedeutet sowohl die feste Einbindung von »FörSchL«-Stunden in den Stundenplan, so wie es an fast allen Grundschulen der Fall ist, als auch die Implementierung von »FörSchL« im Schulprogramm, wie es bei den meisten der befragten Schulen geschehen ist.

3.2.4 Ergebnisverwendung

Die Befragung hat in zweierlei Hinsicht gezeigt, dass die Grundschulen weiteren Unterstützungsbedarf haben. Sowohl Schulleitungen als auch Lehrkräfte äußern Wünsche nach Auffrischung und Erweiterung der Fortbildungsinhalte. So ist vom Bildungsbüro zeitnah eine Veranstaltung mit Prof. Schipper geplant, in der die TeilnehmerInnen einen weiteren Input bekommen (u.a. Vorstellung weiterer Materialien wie z.B. das Computerprogramm BIRTE) und untereinander Erfahrungen austauschen können.

Darüber hinaus wird durch die Befragung deutlich, dass der Bedarf an Förderung rechenschwacher Kinder an vielen Schulen höher ist, als er abgedeckt werden kann. Das bedeutet, dass ein höherer Bedarf an »FörSchL«-Lehrkräften bzw. »FörSchL«-Stunden besteht. Dieser könnte zum einen dadurch gedeckt werden, dass die »FörSchL«-Lehrkräfte noch stärker als bisher in ihrer Multiplikatorfunktion unterstützt werden, zum Beispiel durch weitere Fortbildungsangebote. Zum anderen wäre es eine Möglichkeit, erfahrene »FörSchL«-KollegInnen ins Kompetenzteam zu holen und diese mit Fortbildungsangeboten in die Schulen zu schicken.

Langfristiges Ziel sollte es sein, dass nicht nur jede Grundschule einen »FörSchL«-Kollegen bzw. eine Kollegin hat, sondern dass alle Lehrkräfte, die das Fach Mathematik unterrichten, in Sachen »FörSchL« ausgebildet sind und die Förderung rechenschwacher Kinder selbstverständlich zum Inhalt des alltäglichen Mathematikunterrichts wird.

Zusammenfassung

Die Zukunftsfähigkeit einer Region steht und fällt mit den Bildungschancen der dort lebenden Menschen – unabhängig von Alter, sozialem Status oder Herkunft. Wer diesem Grundsatz gerecht werden möchte, darf Bildung nicht auf den Erwerb von Wissen reduzieren. Der Bildungsbegriff muss alle individuellen Lern- und Entwicklungsprozesse einbeziehen, die für das Individuum und die Gesellschaft relevant sind.

Bildungslandschaften sollen Chancengerechtigkeit im Bildungswesen sicherstellen. Dafür wird ein systematisches Bildungs- und Übergangsmanagement mit effektiven und effizienten Vernetzungsstrukturen zwischen bildungsrelevanten Institutionen etabliert. Verlässliche Bildungsstrukturen basieren auf einer gemeinsamen Strategie, die die Bildungsakteure einer Region entwickeln, überzeugt leben und nach außen vertreten. Dies setzt Vertrauen und Transparenz voraus: Kultur und Werte der Bildungsinstitutionen müssen bekannt sein und wertgeschätzt werden. Doch wie lassen sich Bildungslandschaften in diesem Sinne transparent und effektiv strukturieren? Der Leitfaden »Regionale Bildungslandschaften wirkungsorientiert gestalten« gibt Steuerungsverantwortlichen und Mitarbeitenden von Bildungsbüros und -institutionen hilfreiche Handlungsanregungen. Die vorgestellten Konzepte und Beispiele kommen aus der Praxis und basieren auf der Implementierung wirkungsorientierter Steuerungsinstrumente in der Bildungslandschaft der Stadt Freiburg im Breisgau und den Bildungsregionen in sechs ostwestfälischen Kreisen (Herford, Paderborn, Höxter, Gütersloh, Minden-Lübbecke, Lippe) sowie der kreisfreien Stadt Bielefeld im Regierungsbezirk Detmold.

Die wirkungsorientierte Steuerung von Bildungslandschaften nutzt Methoden und Instrumente der Evaluation und der Qualitätsentwicklung, um das Bildungsangebot einer Region auf das auszurichten, um das es bei Bildung geht: die Entwicklung von Wissen und Kompetenzen der Menschen in der Region. Für die Akteure des Bildungswesens wird eine Diskussionsbasis geschaffen, um mit gegenseitiger Wertschätzung geeignete Maßnahmen und Strategien vor Ort zu entwickeln. Die Basis dafür schaffen partizipativ gestaltete Zielklärungsprozesse und ausgewählte empirische Untersuchungen einzelner Projekte oder Vorhaben. Dieser Ansatz kann und sollte auch ergänzend zu einer regionalen Bildungsberichterstattung implementiert werden, die auf einer indikatorengestützten Abbildung steuerungsrelevanter Prozesse und Ergebnisse basiert und damit in erster Linie grundlegende Handlungsbedarfe und langfristige Entwicklungen in der Region abbilden kann.

Die Stärken einer ergänzenden wirkungsorientierten Steuerung liegen darin, einerseits mit einer breit angelegten Zielklärung Abstimmungs- und Aushandlungsprozesse über grundlegende Werte und langfristige Strategien der Bildungslandschaft zwischen der Fachpraxis, weiteren Bildungsexperten und Steuerungsverantwortlichen zu initiieren, und andererseits prozessbegleitend steuerungsrelevantes Wissen für besonders wichtige Projekte und Vorhaben der Bildungslandschaft zu generieren. Die vorliegende Publikation gliedert sich wie folgt:

- Einführend wird in Kapitel 1 dargestellt, warum Bildungslandschaften so gesteuert werden sollten, dass die beteiligten Akteure in gegenseitiger Wertschätzung zusammenarbeiten und ihre jeweiligen Stärken an den Schnittstellen der Institutionen einbringen. Außerdem gehen wir auf das Verhältnis von Evaluation und Bildungsberichterstattung ein.
- Um den Leserinnen und Lesern die Transfermöglichkeiten auf die eigene Region zu erleichtern, schildern wir in Kapitel 2 kurz die wesentlichen Entwicklungsschritte der Bildungslandschaften in Ostwestfalen-Lippe (OWL) und in Freiburg.

Dann folgen praxisorientierte Kapitel, in denen wir allgemein verständliche evaluationsmethodische Erklärungen geben, denen Umsetzungsbeispiele aus OWL und Freiburg zugeordnet sind.

- Kapitel 3 ist das Herzstück des Leitfadens. Hier wird dargelegt, mit welchen Schritten Wirkungsorientierung in der Praxis zu erreichen ist. Dabei wird deutlich, welche Synergien zwischen Praxisgestaltung und Evaluation der Prozess mit sich bringt und welche kritischen Punkte beachtet werden müssen, um negative bzw. unerwünschte Folgen zu vermeiden. Die grundlegenden Schritte dafür sind, zu klären, welcher Nutzen für die beteiligten Bildungsakteure entsteht, welche Projekte näher untersucht werden, wie dabei methodisch vorgegangen wird und welche Ressourcen dafür benötigt werden bzw. wer sie einbringt. Schließlich gehen wir detailliert darauf ein, wie breit angelegte Zielklärungsprozesse gestaltet werden können und wie Ziele zu formulieren sind, damit sie motivieren, eine effektive und effiziente Planung befördern und die Prüfung der Zielerreichung ermöglichen.

- In den Kapiteln 4 und 5 zeigen wir, wie Methoden und Instrumente der Evaluation und Qualitätsentwicklung dazu beitragen können, die Praxis systematisch zu untersuchen und die Ergebnisse daraus zu nutzen, um Aushandlungsprozesse in dem komplexen Akteursgeflecht der Bildungslandschaft zu gestalten.
- Abschließend werden in Kapitel 6 Anregungen und Handlungsempfehlungen für strategisch verantwortliche Entscheidungsträger abgeleitet.

Executive Summary

Access to educational opportunities for all – irrespective of age, socioeconomic status or cultural background – is crucial to a region's future viability. In upholding this principle, we cannot reduce education to the simple acquisition of knowledge. A sustainable concept of education must involve all learning and development processes relevant to individuals and society at large.

Ensuring equal opportunities in education should be the goal of any educational infrastructure. Doing so involves systematic education and transition management, which in turn requires that effective and efficient networks among educational institutions be established. Reliable education structures derive from a consistent strategy developed, actively implemented and communicated by education professionals within a region. This process implies trust and transparency, as the culture and values embodied in an educational institution must enjoy broad recognition and appreciation. But how can we effectively and transparently shape educational infrastructures? The publication »Impact-Oriented Regional Educational Infrastructures – a Guidebook« helps decision-makers and other stakeholders in education develop appropriate measures. The concepts and practice-based examples presented in the guidebook derive from impact-oriented steering instruments already implemented in eight German cases. These include the seven regions of East Westphalia-Lippe (Bielefeld, Gütersloh, Herford, Höxter, Lippe, Minden-Lübbecke and Paderborn) and the city of Freiburg.

Impact-oriented educational infrastructures rely on evaluation methods and quality development instruments in assuring that an education system effectively targets the development of knowledge and competencies of all individuals within a region. Essential to this process is an open discussion among stakeholders that facilitates mutual appreciation for measures and strategies appropriate to a given region. This discussion should draw upon goal-clarification processes and selected empirical studies of actual projects and plans. This participatory approach can and should be accompanied by a regional educational reporting process that is based on evidence-based research providing indicators of reform needs and long-term developments within a region.

There are several benefits to this impact-oriented approach. These include, on the one hand, facilitating a broad-based goal-clarification process in which educational values and long-term strategies are negotiated among education experts and other stakeholders and, on the other, generating knowledge relevant to key educational projects and plans. The guidebook is structured as follows:

- The first chapter describes the importance of designing educational infrastructures to facilitate mutual respect among stakeholders while incorporating the strengths of each into the process. The relationship between evaluation and educational reporting processes are also discussed.
- In order to facilitate knowledge transfers to other regions, the second chapter describes the key steps taken in the examples of East Westphalia-Lippe (EWL) and Freiburg.

These chapters are followed by praxis-oriented chapters in which the evaluation methods implemented in EWL and Freiburg are explained.

- Chapter three, which outlines in detail the steps taken to achieve an impact-oriented infrastructure, represents the core of the guidebook. Here we highlight the synergies involved with designing practices and evaluating processes, while warning against common pitfalls. An effective course of action entails identifying stakeholders' benefits, selecting projects for close examination, and determining effective methodologies while identifying the resources needed and those providing them. In addition to describing effective broad-based goal-clarification processes, we also describe how to formulate goals that motivate stakeholders, how to foster effective and efficient planning, and how to implement goals assessment.
- In chapters four and five, we show how evaluation methods and quality development instruments can facilitate the systematic examination of practices. In addition, we highlight results with broader application in structuring negotiation processes among a variety of education stakeholders.
- Finally, in chapter six we provide decision-makers suggestions for developing effective strategies.

Die Autoren

Stefan Schmidt ist seit dem Jahr 2004 auf dem Gebiet der Evaluation und sozialwissenschaftlichen Begleitforschung selbstständig tätig. Sein Schwerpunkt liegt auf der Durchführung von externen Evaluationen in den Themenfeldern schulische und berufliche Bildung, Arbeitsmarkt sowie der Kinder- und Jugendhilfe. Er ist Mitglied der Gesellschaft für Evaluation (DeGEval) und Sprecher des Arbeitskreises Soziale Dienstleistungen. Darüber hinaus berät er Organisationen dieser Themenfelder bei internen Qualitätsentwicklungsmaßnahmen, führt Trainings zur Selbstevaluation durch und moderiert Vernetzungsprozesse. Vor seiner aktuellen Tätigkeit war er als Sozialarbeiter, Arbeits- und Organisationspsychologe in der Jugend- und Gemeinwesenarbeit aktiv.
Kontakt: www.schmidt-evaluation.de, info@schmidt-evaluation.de

Christoph Höfer ist Hauptschullehrer und arbeitet zurzeit als Dezernent für alle Hauptschulen im nordrhein-westfälischen Regierungsbezirk Detmold. Sein zweites großes Aufgabenfeld ist die Entwicklung der Bildungsregion Ostwestfalen-Lippe (OWL) als Koordinator für die Bildungsnetzwerke im Regierungsbezirk. Er verantwortet die »Servicestelle Bildungsregion OWL« in der Bezirksregierung.

In seiner früheren Funktion als Schulrat war er mitverantwortlich für die Entwicklung und Umsetzung des Modellprojekts »Schule & Co.« in Nordrhein-Westfalen (NRW). Dabei waren seine Arbeitsschwerpunkte die Entwicklung von Konzepten zur Unterrichtsentwicklung, Steuergruppenarbeit und Evaluation in Schulen. Als schulfachlicher Dezernent begleitete er das an »Schule & Co.« anschließende Modellvorhaben »Selbstständige Schule« in NRW in verschiedenen Rollen.
Kontakt: christoph.hoefer@brdt.nrw.de